作 者 名 单

主　　　编　朱瑞晶

副 主 编　朱辉　王月琦

编　　　者　刘　明　高丽丽　杨　卉　张迎婕

　　　　　　刘　柏　杨春雪　李　玲　张　蕊

　　　　　　朱美虹　李　军　张秀玲　黄　鹤

　　　　　　苏莉蔓　符昆仑　薛　杨　王乙旭

　　　　　　高　蕊

信息技术应用能力提升实践指导丛书

总主编 宋海英 郑世忠

多媒体教学环境能力点深度解析

朱瑞晶 主编 朱 辉 王月琦 副主编

DUOMEITI JIAOXUE
HUANJING NENGLIDIAN
SHENDU JIEXI

东北师范大学出版社
NORTHEAST NORMAL UNIVERSITY PRESS
·长春·

图书在版编目（CIP）数据

多媒体教学环境能力点深度解析/朱瑞晶主编. —长春：东北师范大学出版社，2021.7
（信息技术应用能力提升实践指导丛书 / 宋海英，郑世忠主编）
ISBN 978 - 7 - 5681 - 8226 - 3

Ⅰ.①多… Ⅱ.①朱… Ⅲ.①多媒体教学—教学研究—中小学 Ⅳ.①G434

中国版本图书馆 CIP 数据核字（2021）第 143393 号

□责任编辑：何世红　□封面设计：方　圆
□责任校对：刘晓军　□责任印制：许　冰

东北师范大学出版社出版发行
长春净月经济开发区金宝街 118 号（邮政编码：130117）
电话：0431—85690289
网址：http：//www. nenup. com
东北师范大学音像出版社制版
辽宁新华印务有限公司印装
沈阳市张士经济技术开发区
中央大街六号路 14 甲－3 号（邮政编码：110021）
2021 年 7 月第 1 版　2021 年 7 月第 1 次印刷
幅面尺寸：169mm×239mm　印张：14.75　字数：180 千

定价：45.00 元

随着信息技术的发展，"智慧校园""数字学校"等新词汇不断涌现，这些词汇显现了当今学校有别于过去学校的特征。在信息资讯日益发达的今天，社会进入人工智能时代，物联网、云计算、大数据和人工智能等技术的运用将对教育教学产生深刻影响，信息技术发展所带来的慕课、微课、翻转课堂等教学方式不断丰富着学校教育教学的内涵，这就需要我们从另外一个视角重新思考改进原有的学校运行与管理方式、教师教学方式和学生的学习方式。"教师与学生、教育教学内容、教育或教学内容的物化形式以及其他辅助条件是教育活动的三个基本要素。"① 三者之间相互作用，演绎出丰富多彩的教学样态。不同历史阶段，三个基本要素的内涵也在发生着不同程度的变化，学校教育教学的内容与形式也随之发生变化。

从信息技术发展的历史视角来看，"学校的产生与文字的产生有着直接的密切联系"②。纸和墨的发明为活字印刷术的诞生奠定了物质基础。"印刷机出现一百多年以后，以'班级授课制'为核心的现代学校制度正式确立。"③ 文字的出现与印刷技术的发展，使得教学内容得以物化并广泛传播，物化教学内容的出现改变了前文字时代言传身教的教学方式。由于幻灯、电影、广播

① 周润智. 教育关系：学校场域的要素、关系与结构 [J]. 教育研究，2004（11）：15-19.
② 任钟印. 关于人类最早的学校产生于何时何地的一点思考 [J]. 教育研究与实验，1985（4）.
③ 郭文革. 教育的"技术"发展史 [J]. 北京大学教育评论，2011（07）：137-157.

和电视等电子产品的出现，纸张作为知识唯一载体的格局被打破……当今时代，教育教学内容的物化形式日趋多元，电子书包、电子课本、微课、慕课等新型数字化教学内容物不断出现；互联网接入每一所学校、每一个班级，各种信息终端设备日益普及，信息交流更加便捷……"学校将突破校园的界限，任何可以实现高质量学习的地方都是学校。"① 今天的课堂"同时并存着多个传播子系统，学生'身'的出现，已经不能保证'教与学'真的发生了"②。教学内容的物化形式及教学辅助条件的变化，对教师的教学方式，学生的学习方式以及师生之间、生生之间的交流方式产生革命性的影响，学校教育教学范式转型也成为必然。这就需要教研员、学校管理者以及教师等教育者及时转变研究问题和解决问题的视角，而不是采用"固有的""既定的""不变的"经验来开展新时期学校的教育教学。

学校的管理方式、教师的教学方式与学生的学习方式如何重构？这是时代发展给每一位教育工作者提出的崭新命题。幸运的是，2019 年，教育部颁布了《关于实施全国中小学教师信息技术应用能力提升工程 2.0 的意见》（〔教师 2019〕1 号）（以下简称"提升工程 2.0"），为范式转型提供了文件支持，并提出了实现范式转型的路径和指南。提升工程 2.0 的内涵十分丰富，明确提出"构建以校为本、基于课堂、应用驱动、注重创新、精准测评的教师信息素养发展新机制"的清晰路径，点明"整校推进服务教育教学改革"的文件主旨。

党的十八大以来，党中央国务院有关学校教育教学改革的文件密集出台，《中共中央国务院关于深化教育教学改革全面提高义务教育质量的意见》明确提出"融合运用传统与现代技术手段，重视情境教学；探索基于学科的课程综合化教学，开展研究型、项目化、合作式学习。精准分析学情，重视差异

---

① 曹培杰. 未来学校的变革路径："互联网＋教育"的定位与持续发展［J］. 教育研究，2016（10）：46-51.

② 郭文革. 教育的"技术"发展史［J］. 北京大学教育评论，2011（07）：137-157.

化教学和个别化指导"，对学校教育教学提出了更高的要求；"创新人才培养方式，推行启发式、探究式、参与式、合作式等教学方式以及走班制、选课制等教学组织模式，培养学生创新精神与实践能力"。《中国教育现代化 2035》更为我们描绘了应然的教育教学路径。这就需要对传统学校的运行方式、课堂教学方式进行深刻的反思，以现代学习理论为指导，利用认知诊断、数据挖掘、学习分析等新的技术来改进教与学，探索新的课堂教学模式与学校教育教学管理方式，破解传统教学中难以解决的问题。新范式的建立，必然涉及学校制度完善、教学模式重建、校本研修深化以及教师信息化教学能力提升等诸多要素。

当前，有关信息化教学方面的理论著述很多，但是在实践层面能够指导学校开展信息时代的教育教学、指导教师开展信息化教学方面的用书较少。为解决"教育信息化最后一公里"的问题，众多学者做出了巨大的努力，贡献了大量的专业智慧。华东师范大学开放教育学院闫寒冰、魏非等学者提出"能力点"概念并制定了相应的标准，为开启以"能力点"为载体的提升工程 2.0 岗位培训提供了基础和保障。

在此背景下，我们依托提升工程 2.0 项目，依据吉林省信息化教学实践，汇聚了全省信息化教学各方面的专家学者以及近百名各学科信息化教学骨干教师的专业智慧，围绕信息化背景下教学模式构建、能力点解析、校本研修、教学改革、学校建设、课堂教学等关键点，编写了《信息技术应用能力提升与现代学校建设》《信息技术应用能力提升与学习方式变革》《信息技术应用能力提升与校本研修》《多媒体教学环境能力点深度解析》《混合学习环境能力点深度解析》《智慧教学环境能力点深度解析》这套丛书，以实践者的视角分别从学校运行机制、课堂教学等层面，用案例的方式加以阐释，以便读者更好地把握和理解。

新时代，智能化、信息化正在悄然改变着学校的运行方式、教师的教学方式和学生的学习方式，"学校革命""课堂革命"全速推进。新的时代赋予教育新的使命，也为学校教育信息化发展带来新挑战、新机遇。期待广大学校管理者、一线教师和研究工作者积极投入信息化教学变革大潮，共同开展信息化教育教学新实践，为构建信息化背景下的新型人才培养模式和教学方式而努力！

宋海英

2021 年 7 月

前言

　　现代信息科技和教育理念的不断发展，为课堂教学创新提供了广阔的空间。时至今日，教学环境已经不再是一个单体空间的概念，而是由多种数字化多媒体组成的视听集合。一堂多媒体教学课能够完美实现，对教师来说是一种挑战。在多媒体教学环境下，教师不仅要不断提升自己的多媒体设备操作能力，还要处理好人与设备、人与人之间的关系，以确保教师、设备、学生三者间良性互动，教学过程顺畅完成。

　　国家高度重视教师的多媒体教学能力提升培训工作。2013 年 10 月、2016年 6 月、2019 年 3 月教育部分别颁布《关于实施全国中小学教师信息技术应用能力提升工程的意见》（教师〔2013〕13 号）、《教育信息化"十三五"规划》（教技〔2016〕2 号）、《关于实施全国中小学教师信息技术应用能力提升工程 2.0 的意见》（教师〔2019〕1 号）等多项政策规定，强调将教师多媒体应用能力与学科教学培训紧密结合，培养教师利用多媒体技术开展学情分析与个性化教学的能力，增强教师在多媒体环境下创新教育教学的能力，以促使多媒体教学真正成为教师教学活动的常态。

　　本书针对课堂教学实践中多媒体应用所存在的普遍现象和问题，按照教学环节，并结合大量的教学案例，总结、提炼了各个关键环节的教学策略，为指导教师合理使用多媒体提供了参考依据。本书第一章为"多媒体教学环境下的教学模式"，第二章为"多媒体环境下的学情分析"，第三章为"多媒体环境下的教学设计"，第四章为"多媒体环境下的学法指导"，第五章为"多媒体环境下的教学评价"。

每一小节由案例启思、问题剖析、解决策略、样例展示与样例评析五部分组成，部分与部分之间相互连接，逐层递进。首先，案例启思，问题驱动。每小节在开始叙述前，都会借助一个教师的教学案例导入本小节要讲述的内容，与后续的问题剖析、解决策略、样例展示以及样例评析相配合，拉近读者与学习内容之间的距离，在体验教学问题解决的过程中，实现学以致用、举一反三。其次，问题剖析，引发思考。针对上述提及的教学案例，展开剖析，挖掘存在的主要问题。再次，解决策略，理论梳理。在发现教学问题的基础上，针对教学问题设计解决策略。为了强化理论的递进与衔接，每小节在问题剖析后，都会对该解决策略在理论层面的背景知识加以梳理，而非仅仅呈现技能与方法，由此引发学习者深入思考。最后，样例支持，方法渗透。样例是学习者理解方法策略的有效途径，在解决策略之后，作者为每一个小节都提供了翔实的多媒体教学环境应用典型案例，在每一个案例后面也都提供了相应的点评与解读，以帮助学习者更好地理解教学案例，借鉴经验，并能够结合自身学科教学进行迁移与创新。

《多媒体教学环境能力点深度解析》由朱瑞晶任主编，朱辉、王月琦任副主编，刘明、高丽丽、李军、张秀玲、黄鹤、杨卉、杨春雪、张迎婕、李玲、刘柏、朱美虹、张蕊、苏莉蔓、符昆仑、薛杨、王乙旭、高蕊等参与了该书的编写工作。在撰写本书的过程中编写者得到了许多专家的指导和学校同行的帮助。长春市南关区平泉小学、长春市树勋小学等学校为本书提供了丰富的实践案例，东北师范大学出版社为本书出版提供了大力支持，在此，一并表示感谢！本书在撰写过程中参考和借鉴了许多专家学者的研究成果，引用了国内外多方面的案例资料，在此一并表达谢意！由于时间仓促，未能与所有作者取得联系，在此表示歉意。

本书成稿后，邀请多位教育理论专家、培训专家进行了仔细的审读，他们都提出了非常中肯的意见，在此深表谢意。由于我们在理论认识和实践水平上存在局限，本书中还有很多疏漏和不足之处，恳请广大读者指正。

编　者

2021 年 6 月 13 日

第一章
多媒体教学环境下的教学模式

开 篇 小 语

　　教学环境是学校教学活动所必需的客观条件，具有广义和狭义之分①。狭义的教学环境主要指学校教学活动场所、教学设施、校风班风和师生人际关系等，而广义的教学环境则主要指影响学校教学活动的全部条件，可以是物理环境，也可以是心理环境。其中，物理环境是由学校的各种物质、物理因素构成的，如教学场所、教学工具、校园环境等；而心理环境是由许多无形的社会、文化、心理因素构成的一个复杂的环境，它看不见、摸不着，如课堂氛围、师生关系、校风班风等。

　　当前，多媒体教学环境已经是常态化的教学环境。多媒体教学环境促进了教学内容呈现方式的改变、教师教的方式的改变和学生学习方式的改变。它逐步常态化应用于课堂教学，优化了教师课堂教学模式，是教师教学中的首选环境。多媒体教学环境有助于教师从宏观上把握教学活动的整体结构及各要素之间内部的关系和功能，突出了教学的有序性和可操作性。其教学模式主要有互动式课堂教学模式、启发式教学模式、情境教学模式、讲练结合教学模式和任务驱动型教学模式等。

---

① 刘强，王连龙，杨杰.教室教学环境的构成要素研究［J］.现代教育技术，2016，26（08）：55—61.

第一节　多媒体教学环境特点

自 20 世纪 80 年代开始，多媒体技术开始走进大众视野，并逐渐成为人们关注的热点。随着计算机技术的发展，多媒体技术凭借其在图形、影像、音频等方面的亮点得到迅速推广。90 年代，随着计算机的介入，多媒体改善了信息交流方式，缩短了信息传递路径，迎来了划时代的发展[①]。

一、多媒体技术

多媒体技术（Multimedia Technology）是 20 世纪后期发展起来的，是当今信息技术领域发展最快、最活跃的技术。多媒体技术利用计算机对文本、图形、图像、声音、动画、视频等多种信息进行综合处理，建立逻辑关系，人机交互作用，借助日益普及的高速信息网，实现信息资源共享。各类媒体形式呈现内容的对比如表 1 - 1 - 1 所示。

表 1 - 1 - 1　媒体类型

媒体类型	特　点
文本	擅长表现复杂、抽象的要领和刻画对象的细节
图形	擅长表达思想轮廓及蕴含在数据内的趋向性信息
图像	突出真实生活情景的定格和静态观察
动画	突出某个重点和表现动作信息
视频	表现来自真实生活的情景和事件
语音	可与视频、动画结合，增强信息接收效果

---

① 冯琳. 多媒体技术对课堂教学的影响研究［D］. 石家庄：河北师范大学，2015.

媒体类型	特　点
音响	能吸引人的注意力，激发人的想象力
音乐	烘托气氛，调动情绪

多媒体技术具有主观性、动态性、交互性、可重复性以及针对性五大特点，具体阐述如下。

直观性：能突破视觉的限制，多角度地观察对象，并能够突出要点，有助于对概念的理解和对方法的掌握。图文声像并茂，多角度调动学生的情绪、注意力和兴趣。

动态性：有利于反映概念及过程，能有效地突破教学难点。

交互性：有利于学生广泛参与，让学习更为主动并营造反思的环境，形成新的认知结构；通过多媒体实验，实现了对普通实验的扩充，并通过对真实情景的再现和模拟，培养学生的探索、创造能力。

可重复性：有利于突破教学中的难点和克服遗忘。

针对性：使针对不同层次学生的教学成为可能。大信息量、大容量性，节约了空间和时间，提高了教学效率。

二、多媒体教学环境

多媒体教学环境是由多种媒体设备组合而成的综合教学系统，能够清晰地显示计算机或者其他媒体设备（如录像机、电子白板）传输的文字、声音、图形、图像、动画、视频等多种媒体信息[①]。其重点支持教师实施"集体教"，是教师在多媒体教室环境里利用电脑、投影仪等设备，通过直观化的演示，给学生心灵的触动，让学生体会到真实的环境，从而激发学生产生学习兴趣。

多媒体教学环境可简单划分为简易多媒体教学环境和交互式多媒体教学环境。简易多媒体环境（图 1-1-1）就是在同一个教室中装备投影、电视、

---

① 王静，高洁. 提高多媒体教学环境效能的策略探析 [J]. 中国医学教育技术，2011，25（04）：422—425.

实物展台、多媒体计算机、功放等，共同构成一个优化的教学环境，它的主要功能是演示。交互式多媒体教学环境（图1-1-2）的核心设备是交互式电视或互动式电子白板，它的主要特点是互动演示。

图1-1-1　简易多媒体环境

图1-1-2　交互式多媒体教学环境

与传统课堂教学环境相比，多媒体教学环境既可以为学生提供具有立体感的信息，激发学生的学习兴趣，又可以加深学生对知识的理解和记忆，更重要的是还节省了教师的上课时间，改变了教学内容的呈现方式，课堂传授知识量增大，提高了课堂教学效率。其功能大致可以归纳为以下四点[①]：

①改变传统教学形式：多媒体教学环境中存在着大量的多媒体课件或者电子演示文稿，它们凭借自身直观、形象的特点对学生的多种感官予以刺激，将枯燥抽象的理论知识清晰地展现给学生，帮助学生理解与分析问题，在提高学习兴趣的同时，提高了教学的质量与效果。

②方便讲解操作性课程：教师借助多媒体教学环境中的计算机以及相应的投影设备，可以直接对计算机上的各种程序软件安装过程进行演示，这一点能够极大地超越在黑板上绘制应用程序窗口进行教学的效果。

③直观展示实物教学：学生借助视频、动画等影像资料，可以更加直观清晰地观察到被展示物体的轮廓、形状、空间立体结构等。

④随时获取网络资源：强大的互联网资源库中拥有海量数据，教师可随时获取所需资料并呈现给学生，及时补充教学内容。

第二节　互动课堂教学模式

案例启思

一位数学老师讲授《平行四边形的特征》时，有这样的教学片段。

师（PPT展示）："我们来看一下长方形、正方形、平行四边形、梯形有什么关系。"

---

① 李玉斌. 现代教育技术实用教程［M］. 北京：高等教育出版社，2006：53.

生 1："这是四边形。"

生 2："这是一个长方形。"

生 3："这是一个平行四边形。"

生 4："这是一个梯形。"

······

教师按部就班地演示 PPT 课件，学生跟着老师回忆相关知识点。

教师（仍然在演示 PPT 课件）又问："平行四边形具备了什么样的特性就变成了长方形？"

生："有一个角是直角。"

这时 PPT 课件呈现平行四边形的一个角变成直角，成为长方形。

教师又追问："它具备了什么样的条件就变成了正方形？"

生："有一组邻边相等。"

这时 PPT 课件中出现有一组邻边相等的图形。最后教师露出满意的笑容："对，你看这个框图很有趣，只要有一个角是直角（PPT 演示平行四边形变成长方形），不管怎么样，平行四边形都能变成长方形，变成正方形怎么样？有一个角是直角，有一组邻边相等。" PPT 课件呈现长方形、正方形、平行四边形、梯形关系图。

问题剖析

从课例教学片段中可以看出，借助 PPT 演示文稿，在教师的引导下，学生对知识的学习掌握顺利，知识的结构比较清晰。学生的学习思路是按照教师 PPT 演示顺序梳理而来的，如行云流水，一气呵成，顺利完成结论的推导，看起来似乎流畅清晰，但总觉得不够真实。

课堂是由主体和客体构成的教学环境。从本质上来讲，课堂教学互动是一种对话实践的过程，即同客体对话的实践、自我内化的对话性实践和同他人对话的实践，这三种实践体现了互为媒介的关系①。

上述案例中，教师"牵"的痕迹是否太明显了呢？教学过程按照课件演示顺序，教学缺乏互动生成，如果课堂上学生没有按照老师的意愿回答问题，那么课件就无法继续演示。这节课存在以下主要问题：

一、课堂上学生建构知识的过程缺少自主性

通过分析上述案例可知，教师授课时思维集中在某一方面，不够灵活，学生的学习是被动接受式的，从提问分析中也能说明这一点。虽然教学结构明晰，课堂讲练结合，但教师干预严重，学生基本没有自主的空间，提问的频次很高，两次提问间隔的时间不超过 30 秒，可见教师控制的程度。教师在这里想引导学生发现平行四边形、长方形、正方形之间的关系，但后面的三个问题将学生思维的水平降低了。如果让学生自己通过观察寻找结论，问答水平则将处在探究的层面上，但这里的连续三个追问，使学生的回答降低到了识记的层面。

二、以教师为主体的教学关系已成习惯

传统教学片面强调教师的教，形成了以教师为主体的教学关系。其表现为以教为中心，学围绕教转。教师是知识的占有者和传授者，对于求知的学生来说，教师就是知识宝库，是活的教科书，是有学问的人，没有教师对知识的传授，学生就无法学到知识。所以，教师是课堂的主宰者，所谓教学就是教师将自己拥有的知识传授给学生。教学关系就是：我讲，你听；我问，你答；我写，你抄；我给，你收。学生在教学活动中的主体地位丧失了，教师也不是教学的主导者，而是扮演了教学活动的主宰者的角色。传统课堂中，有人把学生比作"船"，把教师比作"舵手"，学生必须无条件地服从教师的指挥。一句话，整个教学活动和教学结构都是围着教师转的。

---

① 崔亮，董利亚. 中学课堂教学互动的实证研究：以初中数学课堂为例 [J]. 电化教育研究，2017，38（05）：123－128.

三、学生缺少学习策略，从而被动接受知识

从学生的角度来看，由于学生缺少适合自己的学习策略，从而导致被动接受知识，先教后学，教了再学，教多少学多少，怎么教怎么学，致使大多数学生逐渐养成一种不爱问、不想问"为什么"，也不知道要问"为什么"的习惯，从而形成一种盲目崇拜书本和老师的思想。这种学习方式不仅束缚了学生的思维发展，还使学生学习的主动性、自主性和创造性逐渐丧失，甚至被迫学习，根本体会不到学习的快乐。结果教师越教，学生越不会学，越不爱学。此外，学生的学习方式基本上是"预习—听讲—练习—复习"，这种被动接受、死记硬背、机械训练的学法，让学生成为知识的"奴隶"，不仅缺少想象能力和创新精神，也难以升华所学知识，个性得不到张扬。许多学生只注重死板地读书，力争在考试中获得高分，往往忽视对自身各方面能力的培养，导致高分低能。

解决策略

一、基于多媒体环境下的互动课堂教学模式

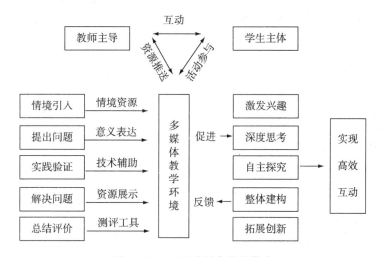

图 1 - 2 - 1　互动课堂教学模式

如图 1-2-1 所示，基于多媒体环境下的互动课堂教学模式，在"以学生发展为本"的教育思想指导下，包含有学生与课程资源间的互动、学生与教师间的互动、学生间的互动和学生与教学环境间的互动等要素，且具有相对稳定的教学结构和教学流程。

二、教学模式的理论基础

20 世纪 60 年代，瑞士学者皮亚杰最早提出"建构主义"一词[①]，强调学习者的主动性。建构主义的提出有着深刻的思想渊源，它具有迥异于传统的学习理论和教学思想，认为学习是学习者在原有知识、经验的基础上，生成意义、建构理解的过程，而这一过程需要在社会文化互动中完成，基本观点主要包括：

①学习是一个有意义的过程

人们对事物的理解与自身的认知结构有关，学习者在学习新知的过程中并非直接通过教师的传授就能获取知识，而是要结合自身经验对外部信息主动地进行选择、加工和处理，最后建构成自己的知识。外部世界的知识既可以"同化"到原来的认知结构中，又可以通过"顺应"机制改变已有的认知结构[②]。因此，知识的获得是学习个体与外部环境交互作用的结果。

②学习是一个协商活动的过程

建构主义认为，每一个学习者都有自己独特的认知结构，他们会依据自己的经验、理解对知识做出自己的解释，这与文学作家莎士比亚所说的"一千个人眼中有一千个哈姆雷特"有异曲同工之妙。此时，只有通过社会"协商"和时间的磨合才可能达成共识。

③学习是一种真实情境的体验

建构主义认为，学习发生的最佳情境并不是简单抽象的，而应在真实的情境中，这样才能使学习变得更为有效。学习的目的不仅仅是让学生掌握某

---

① 张亚娟. 建构主义教学理论综述 [J]. 教育现代化，2018，5（12）：171－172.
② 郭艳玲. 构建多媒体环境下的英语互动式教学模式 [J]. 重庆工学院学报（社会科学版），2007（08）：157－159.

些知识，更重要的是让学生能真正运用所学知识去解决现实世界中的问题。

三、多媒体环境下的五步互动课堂教学环节

与传统的单向传授知识的教学模式不同，多媒体环境下的五步互动课堂强调师生之间双向的合作与交流，并鼓励学生积极参与、主动探究、大胆创新。在教学活动中，教师是引导者、支持者、合作者和参与者。通过创设有关的问题情境，激发学生探究的兴趣，进而在师生互动、生生互动的过程中，创造性地进行学习，由此得到生动、活泼、主动的发展。五步课堂教学环节是连续的、有序的、发展的、相互联系的，不能截然割裂。

第一环节：情境引入

这一环节的主要任务：一是激活思维。就是结合教学内容的特点和具体教学目标，从学生已有的知识和生活经验出发，联系学生的生活实际，以音像、图画、故事、游戏、操作、问题等形式，精心创设恰当的学习情境。引起学生学习兴趣，激活学生创新思维。二是研究情境。就是引导学生充分结合情境，利用学生已有的知识、生活及学习经验，引发学生思考，运用多种方式或手段引导学生发现有价值的信息，并对教学情境中的信息进行整理，而后指导学生提出有价值的问题。

第二环节：提出问题

在这一阶段，教师要深入到学生中去，了解学生对自主性问题的完成情况。特别是要关注学困生在自主学习中存在的问题，并给予及时的点拨与启发，同时，教师要根据对学生自主学习情况的检查与反馈，提炼需要进行交流、合作解决的问题，适时地组织合作交流，达成共识。

第三环节：实践验证

本环节是整个课堂教学的中心环节，这一环节的主要任务是：要求所有学生都要研究和展示自己解决问题的方案，并指导学生认真倾听别人的发言。同学之间可以互相对比，对有争议性的问题进行探讨，学生逐步补充和完善，不断修改和提升。对学习的结果进行总结，教师深入自主探究活动，参与议论、逐步引导、激发辩论，有针对性地进行巡视，及时点拨和评价。

第四环节：解决问题

这一环节的主要任务是师生探究——内化提升。就是在自主探究以后，对于研究成果，教师和全体同学共同探究。生生之间可以互相质疑、互相补充，对于相同意见，指导学生不要重复。在整个过程中教师要积极参与、调控全局，注意在关键环节点拨提升。对于复杂的、学生难于理解的问题，教师可以采用不同的教育教学手段，先教给学生分析解决问题的方法，提供理论依据，让学生独立解答，再探究。这样一步步趋于问题的解决，直至完全解决问题。

第五环节：总结评价

一堂课成功与否，结课很重要。教师要在完成一个教学内容或教学活动时，对知识进行归纳总结，使学生对所学知识进行有针对性的回顾和归纳，帮助学生形成知识系统，再通过拓展应用检验学生对新知的理解和运用水平。

像正方形这样的内容，学生很熟悉，应提倡一种自主探索的"课堂互动"。结合《平行四边形的特征》这节课，我们可以利用互动课堂教学模式再上这节课，在原有教学片段的基础上，增加一些引导（如在第一个对话点后，马上引导学生发现正方形与平行四边形的关系……），让学生对性质与判定的研究建构在长方形、平行四边形及生活体验的基础上，较早地讨论知识框图。

样例展示

教学主题	北师大版小学数学四年级下册《用字母表示数》
教学目标： 1. 引导学生体会用字母表示数的意义，初步建立符号感。 2. 引导学生逐步习惯于用字母表示数。 3. 通过探索，体会用字母表示数的必要性，给学生以数学简洁美的感受。 4. 培养学生认识事物从特殊到一般、再由一般到特殊的过程。	

教学环境：交互式多媒体教学环境

信息技术应用思路：

1. 利用希沃电子白板，方便教学过程中的互动和讲解。

2. 教学过程中情境导入前利用希沃课堂活动应用，进行小组比赛，调动了学生的学习积极性，并且符合学生的年龄特点和认知水平。

3. "小组合作与竞赛"贯串于整个教学过程中，让学生在游戏与竞赛中更好地完成教学。

教学流程设计

教学环节	教师活动	学生活动	信息技术支持（资源、方法、手段等）
一、情境引入 说一说：我们的生活中哪些地方用到了字母？（一）	教师出示图片，让学生进一步感受字母就在我们身边。	学生畅所欲言，回忆生活中字母在哪些地方用到。 生1：英文字母 生2：度量单位	技术应用：利用PPT展示图片，让学生有亲切感。学生通过举例发现字母就在我们身边。激发学生兴趣，使其感受字母的作用。
二、提出问题 欣赏儿歌： 一只青蛙一张嘴，两只眼睛四条腿，扑通一声跳下水……n只青蛙……	教师播放视频，让学生跟着音乐一起唱。师：字母不仅在生活中应用，在数学中也经常用来表示数量关系。这节课我们就让字母走进我们的数学课堂	学生跟着音乐一起唱，感受从牙牙学语就会用字母表示数	技术应用： 课件播放视频，学生情绪高涨。通过一首儿歌来激发学生的学习兴趣

三、实践验证 奇妙的火柴棒 利用火柴棒搭一个正方形需要四根小棒，那么按照下面的方式，搭两个正方形需要＿根小棒，搭10个正方形需要＿根小棒，搭100个正方形需要＿根小棒。如果把上面问题中的100换成 x 呢？ □□□□ □□□ ……	教师巡视，进行小组指导，寻求多种方法。引导学生从简单的具体的情况入手，找到问题的规律，再把特殊具体的抽象成一般的情况	学生思考一会儿，不能迅速作答，纷纷拿出课前准备的火柴棒开始搭建，进而进行小组合作。一生汇报，余生思考，全班进行点评	技术应用： 通过希沃课件演示，尤其是动态演示，形象地展示一般规律，学生易于理解
四、解决问题 字母还可以表示什么？ （1）回忆以前在学习中哪些地方曾用到了字母表示数，这些字母表示的是一些什么数。 （2）通过上面的几个例子可知：字母可以表示＿＿＿＿。 （3）字母表示数有什么意义？	引导学生回忆以前学过的公式和运算定律，并用字母表示。引导学生思考：我们为什么用字母表示数？	学生先独立思考，再进行小组交流，然后进行小组汇报，感受字母可以表示公式和运算定律	技术应用： 通过希沃白板应用展示问题串，方便有效。在展示时可以选择一般的学生进行简单的结果展示，选择较好的学生进行有难度的原因和过程展示

续　表

		学生首先回忆本	技术应用：
五、总体评价 通过对本节课的学习，以知识树的形式，让学生从"我学会了……""使我感触最深的是……""我还感到疑惑的是……"三个方面进行总结	师：通过对本节课的学习，请你从三个方面回顾一下，并在小组内说一说。教师鼓励学生大胆发言	节课学习的知识点，再组内说一说，将本节课的知识点串联起来。生1：我学会了字母可以表示任何数	通过知识树和图片等形式，学生对本节课有了更深入的认识。鼓励学生多方位、多角度地分析问题和思考问题。适时地对学生进行情感态度和价值观教育

【样例评析】

一、借助希沃教学助手创设了丰富多彩的教学环境

随着科学技术的日益更新，教育资源的进一步优化，希沃白板作为新型现代教育技术装备走进我们的课堂，改变了以前以黑板和粉笔为主的板书演示模式，为学生提供了更丰富、更直观的学习资源，同时较为复杂的问题，老师也可以通过交互式电子白板演示出来，把学生带进一个理想的数学教学境界，保持学习热情，投入到课堂教学的各个环节中，极大地改变了课堂学习气氛。本节课借助希沃教学助手始终贯彻"有利于学生发现问题、提出问题"的思想方法，通过老师搭建平台，引导学生发现问题、探究问题、提出问题、回答问题、应用问题，充分调动学生的积极性，让每个学生都有发言的机会，教学达到面向全体学生的目的。

二、利用希沃教学助手实现课堂师生、生生互动

该互动环境下的教学仍以教师控制教学设备为主，学生在教师的主导下完成一系列学习活动。在学习过程中，学生有机会操作设备进行展示或体验，如学生操作希沃电子白板中教师编辑的课堂活动，方便教师考查学生的掌握情况。交互式电子白板也是目前学校普遍使用的一种教学设备。

希沃电子白板，是专为老师打造的互动教学平台。针对信息化教学场景，提供课件制作、互动授课、在线课堂、微课录制、课件资源库等多项功能，满足线上、线下教学多个场景，让老师能一站式完成教学环节的主要流程。

三、教师希沃课件设计思路与编辑制作

教师通过希沃电子白板中的课件库进行搜索，找到需要的素材后，点击"云课件"，从右上角的"新建课件"中可以选择不同的模板，点击"新建"，我们就可以进行制作了。在本节课前，教师设计了一次课前活动，这种设计不仅让学生练习了计算，而且为本节课用字母表示数打下了基础。操作起来也很简单，点击上方的"课堂活动"，可以根据需要选择比赛形式，如选词填空、知识配对等。以判断对错为例，我们要在左侧输入判断的题目，在右侧选出正确的答案，最少要设计三道题，如果想增加题目，点击下方绿色的按钮，即可在右侧选择每题间隔的时间，点击完成。

在课堂中，教师只需要选择两名同学到屏幕前进行操作即可。当学生答错或者超时时，它所代表的卡通形象就会跑得慢于对手，这样的课前活动可以激发学生的学习兴趣。虽然只有两名学生参与，但坐在下面的学生也会很快地融入比赛的氛围中，营造了轻松快乐的课堂气氛。

第三节　任务驱动教学模式

案例启思

为什么教师讲得这么细致，学生还是不会用呢？

徐老师今年研究生毕业，应聘来到了向往已久的学校。因为刚入职，学校教学校长考虑她还无法担任班主任工作，就先把她安排在学校信科组，任教信息学科，打算等她教学水平成熟些，再转到本行数学教学中。虽然不是

本行教学，但是以一个刚毕业的研究生的身份来说，徐老师自然对自己的信息技术水平自信满满，于是欣然接受了学校领导的安排。

徐老师教五年级的学生，本学期组长交代老师们主要教学生 power point（幻灯片）的制作。在每节课上课前，徐老师都认真研究这节课要讲的内容，尽量对每个制作工具都进行细致的研究，然后做一个范例，准备在课堂上给学生们示范讲解使用。上课的时候，徐老师认真借助已经做好的课件，把工具使用说明、制作步骤一一讲解出来，并让学生们按照她的操作再进行实践操作，达到熟练掌握的程度。为了使学生们的作品能够保存下来，徐老师还特地给他们建立了文件夹，帮助他们保存课件。看到徐老师这么认真备课、上课，同组的老师都说她是个工作认真的老师，徐老师也觉得自己对待任何学科的教学都应该一丝不苟。

但是学期末，让徐老师疑惑的现象出现了：在学年平行班级一起进行的信息技术操作测试中，她教的学生完成制作幻灯片的水平，与其他班学生的水平相差无几，甚至略有不及，而另外那几个班教信息技术的老师，并不见得比她备课更细致，课堂上讲得更深入。这让一直争强好胜的徐老师有些灰心。虽然信息技术考试没有排名，但徐老师的思想确确实实受到了不小的冲击。为什么老师讲得那么细致认真，学生还是不会呢？徐老师百思不得其解。

问题剖析

老子《道德经》有云："授人以鱼，不如授之以渔。"授人以鱼只救一时之急，授人以渔则可解一生之需。从上面的教育案例中，我们不难发现，教师在教学过程中，其实只关注了教师本身的教，并没有关注学生的学，同时关注的是教学结果，而非注重教学过程。由此看出，即便教师能够兢兢业业地认真从教，学生的收获也不多，教学收效甚微。

审视新入职教师产生问题的根源，我们将其总结为以下几点：

一、在课堂教学中，忽视学生的主体地位

建构主义理论认为，知识不是通过教师传授获得的，而是学习者在一定

情境下通过意义建构的方式获得的①。课堂上，学生才是认知的主体，是知识意义的主动建构者。学生学会任何东西，最终都要通过自己的内化，这个最后的内化过程不是由教师的教来完成的，而是依靠学生的学来完成的。正如人本主义心理学家罗杰斯所说，"没有人能教会任何人任何东西"。从这一说法来看，我们所实施的教学，不是为了把学生教会，而是要立足于"人的全面发展"，同时结合社会发展和要求，来思考"教什么""怎样教"，同时思考学生在课堂学习中"学什么"和"怎样学"的问题。

二、在课堂教学中，课堂教学模式模糊

以往传统的课堂教学有三项要求：让学生掌握一定的基础知识与基本技能，身心获得一定发展，情感态度和价值观获得发展。从这三点要求中，我们不难发现，这仍是教而非学。顾明远教授曾提出基础教育要打好三个基础，即打好身心健康的基础、有终身学习能力的基础、能够走入社会的基础，即中国学生发展的素养。因此，我们的课程要为学生终身发展服务。

由此我们发现，课堂教学应该站在"孩子的视角"，"以学生为主体"，给每一个学生提供最适合的教育，使每一个人都能健康成长。我们要培养全面发展的人、适应社会的人和有学习能力的人。但是对于如何培养这样的人，采取怎样的教学更具有时效性，还有许多教师仍处于可谓"如火如荼"的研究中，没有具体模式，无法深入操作实施，让许多教师对此目标望而却步。

三、在课堂教学中，学生有效学习欠缺

"自主、合作、探究"的学习方式，首先体现在学生的自主上，可以说自主是合作、探究的基础因素。在课堂教学中，我们看到的往往不是学生不想自主，而是不能自主，他们更习惯于等待，等待老师的讲解和标准答案，等待优等生的帮助和对于问题的解答。同样，"合作"学习也是新课程理念下提出的一种十分重要的学习方式，然而由于班级人数所限，完美的"合作"往

---

① 李想，孙乾坤. 交互式教学模式理论综述［J］. 科技展望，2014（19）：62.

往往需要日积月累的实践，而不是几次公开课所能及的，而我们平时所见的"合作学习"，多是以老师的问题为导向，小组学生中某个优秀学生的"一言堂"。同样，探究式学习对于中小学生而言，由于基础知识的存储量相对较少，分析问题、辨别是非的能力尚需提高，探究问题往往带有随意性，探究结果往往带有主观倾向性，甚至会有答非所问的答案呈现。同时有的教师对课堂的驾驭能力所限，或者存在教学评价体系相对滞后、教学设备相对落后等客观因素的干扰，学习方式的形成难以有效推进。

由此我们产生思考，在多媒体教学环境下，是否可以采用任务驱动式教学模式，构建有生命的高效课堂。

解决策略

在国家大力推进教育教学改革时期，我们认为，构建以学生为主体的"学"的课堂势在必行。我们认为，课堂教学应是以学为中心，培养学生学习力的实施过程。即在教师的引导下，学生能主动学、学会学，最终实现自能学，并在学中提升核心素养和学科素养，发展学生个性。同时在教学中，我们倡导结合不同学科教学，形成不同模式，进而改变用一个相同模式来培养人才的传统做法，实现因材施教。基于此，我们提出了任务驱动教学模式，旨在现有且盛行的"多媒体教学环境"中，凭借多媒体环境或简易交互多媒体环境，实现学生的学习方式转变与能力提升。

一、任务驱动教学的含义及特征

任务驱动教学是在建构主义学习理论的基础上产生的[1]，然而事实上，它在理论表达上并非一个完全清晰的概念，不同的学者对它持有不同的看法，目前依旧没有一个十分清晰的统一概念。学者魏永红[2]指出，任务驱动教学活动的重心是任务，围绕任务展开语言教学活动；不同于魏永红对任务驱动教学的理解，学者程可拉[3]将任务驱动教学定义为一种具有弹性、动态、开放的

---

[1]　程东霞. 任务驱动教学模式下高中信息技术生成性教学实践研究［D］. 华中师范大学，2015.

[2]　魏永红. 任务型外语教学研究［M］. 上海：华东师范大学出版社，2004：32.

[3]　程可拉. 中学英语任务型教学理念与教学示例［M］. 广州：华南理工大学出版社，2003：54.

学习模式。学者贾志高[①]则认为任务驱动教学是一种以学习者为中心的教学方法，教师需要在教学前制定一个明确的学习目标，作为学生学习的中心，并围绕"中心"进行学习。在学者郭耀红[②]看来，任务驱动教学是指教师将教学内容设计成一个个活动性任务，根据课堂给定的学习资料，学生在充分理解教师给定的任务后，发挥学生自己的主观能动性去学习和探索，在完成任务的过程中获取知识的教学。

任务驱动教学中教学活动以任务的形式展开，学生在任务提出、分析、解决的过程中学习教学内容，进而达到教学目标；在过程中，教师则扮演着"引导者"的角色，辅助学生完成学习任务，因此任务驱动教学模式的特征可概括为："学生为主体，任务为主线，教师为主导。"[③]

二、任务驱动教学模式

学生的学习不单是知识由外到内的转移和传递，更应该是学生主动建构自己的知识经验的过程，通过新经验和原有知识经验的相互作用，充实和丰富自身的知识、能力。因此，建构主义学习理论强调，学生的学习活动必须与任务或问题相结合，以探索问题来引导和维持学习者的学习兴趣和动机，创建真实的教学环境，让学生带着真实的任务学习，以使学生拥有学习的主动权。

基于上述理论基础，我们提出"任务驱动教学模式"，旨在教学过程中，学生在教师的帮助下，以一个共同的任务活动为中心，在强烈的问题动机的驱动下，通过对学习资源的积极主动应用，进行自主探索和互动协作的学习，并在完成既定任务的同时，引导学生产生一种学习实践活动。任务驱动教学的基本思想就是"干中学"。

---

① 贾志高. 有关任务型教学法的几个核心问题的探讨 [J]. 课程·教材·教法，2005（1）：51－55.

② 郭耀红. 有效合作学习的学习任务设计策略 [J]. 教育理论与实践，2009（23）：53－54.

③ 程东霞. 任务驱动教学模式下高中信息技术生成性教学实践研究 [D]. 武汉：华中师范大学，2015.

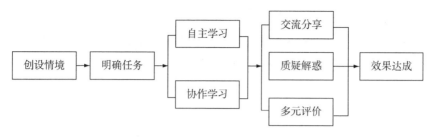

图 1 - 3 - 1　任务驱动教学模式

1. 遵循规律，创设情境

生动直观的形象能有效地激发学生联想，唤起学生原有认知结构中有关的知识、经验及表象，从而使学生利用有关知识与经验去"同化"或"顺应"所学的新知识，发展能力。

2. 明确任务，拓展平台

任务的完成有可能使学生更主动、更广泛地激活原有知识和经验，来理解、分析并解决当前问题，问题的解决为新旧知识的衔接、拓展提供了理想的平台，通过问题的解决来建构知识，正是探索性学习的主要特征。

3. 自主学习，"协同作战"

新课程倡导学生之间的讨论和交流，通过不同观点的交锋，补充、修正、加深每个学生对当前问题的解决方案。通过自主、合作、探究的高效学习，逐渐帮助学生形成适合自己的学习策略。

4. 多元评价，质疑解惑

帮助学生在自主、合作学习后，进行全班范围的学习成果分享，并在互学互动中生成评价，同时要关注提升学生的质疑能力。

5. 以生为本，效果达成

对学习效果的达成主要包括两部分内容，一方面是对学生是否完成当前问题的解决方案的过程和结果的观测，即所学知识的意义建构的实现；而更重要的一方面是对学生学以致用能力的达成。

三、模式的主要环节与优势分析

从图 1 - 3 - 2 可以看出，任务驱动教学模式是在简易多媒体环境下，以传授知识为主的相对传统的教学理念。它转变"单向讲授式"教学为以解决问题、完成任务为主的"多维互动式"教学，将再现式教学转变为探究式学习，使学生处于积极的学习状态中。

（一）模式主要环节解析

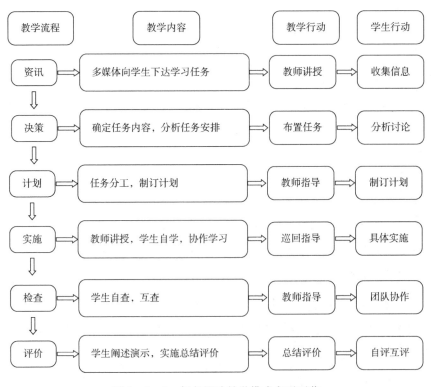

图1-3-2 任务驱动教学模式主要环节

（二）模式优势分析

1. 助力学生形成有效学习方法

从学生的角度来说，任务驱动是一种有效的学习方法。它从浅显的实例入手，带动理论的学习和应用软件的操作，大大提高了学习的效率和兴趣，培养了他们独立探索、勇于开拓进取的自学能力。一个"任务"完成了，学生就会获得满足感、成就感，从而激发他们的求知欲望，逐步形成一个感知心智活动的良性循环。伴随着一个又一个成就感，减少学生们以往由于片面追求信息技术课程的"系统性"而导致的"只见树木，不见森林"的教学法带来的茫然。

2. 助力教师提升教学实效性

从教师的角度说，任务驱动是建构主义教学理论基础上的教学方法，将以往以传授知识为主的传统教学理念，转变为以解决问题、完成任务为主的多维互动式的教学理念；将再现式教学转变为探究式学习，使学生处于积极的学习状态，每一名学生都能根据自己对当前任务的理解，运用共有的知识和自己特有的经验提出方案、解决问题，为每一名学生的思考、探索、发现和创新提供了开放的空间，使课堂教学过程充满了民主、充满了个性、充满了人性，课堂氛围真正活跃起来。

样例展示

（本节信息技术课案例由长春市南关区树勋小学教师贾姗姗提供。）

课例名称	《设计与制作艺术字》	学段学科	小学信息技术
教材版本	长春版信息技术教材	年级/章节	六年级上
教学目标	1. 掌握插入艺术字的方法，学会插入艺术字，并能对其进行简单调整，能简单运用艺术字设置方法设计个性作品； 2. 通过自主学习，观看微课，学生的探究能力得到提高；通过共同交流合作解决学习中遇到的问题，学生学会与他人合作，提高协同合作的能力； 3. 通过动手实践操作，学生具有创新能力、操作能力；在小组汇报过程中培养学生的评价能力； 4. 提高学生的审美情趣，形成热爱集体、爱护班级的意识		
教学重点、难点	重点：插入艺术字的方法并根据需要修改艺术字。 难点：艺术字的修饰美化		

教学内容 分析	《设计与制作艺术字》是长春版信息技术教材六年级上册的内容。教学对象是小学六年级的学生。在对我校六年级学生的调查中发现，大概15％的同学会使用word完成其他学科的作业，对于word的基本操作较为熟悉，掌握程度较好；10％的同学几乎从没有使用过word软件，对于软件的掌握很陌生。针对不同基础的学生，设计时注重了因材施教，不同层次的学生可以选择自主探究不同的内容，给予了学生充分的空间；在学生合作交流时，明确分工，以强带弱，让不同层次的学生都达到训练的目的。 本课主题是"如何利用艺术字为班级文化设计名言警句"。是在学生掌握了插入剪贴画、图片的方法，并能够使用"图片"工具栏上的按钮调整图片属性的基础上学习的。本课内容也为今后学习表格的装饰、幻灯片的制作等奠定了基础
教学方法	1.《信息技术课程标准》明确指出：知识及技能的传授应以完成典型"任务"为主。因此，本课以"任务驱动法"为主，从一些学生常见的为班级墙上文化设计名言警句这样的信息处理任务出发，引导学生由易到难地完成任务，使学生具有获取、传输、处理和应用信息的能力，从而把信息技术作为支持终身学习和合作学习的手段。用任务驱动法可以激发和保持学生的学习兴趣，培养实践能力和创新能力；同时，在教学过程中辅之以个别指导法、演示法，让学生带着任务实际操作，自我探索、自主学习，学生在完成任务的过程中不知不觉地实现知识的传递、迁移和融合。利用个别指导法，可以在操作过程中观察学生的实际情况，及时发现问题和解决问题；对重要的步骤用演示法给学生以明确提示，培养学生寻找及应用信息的能力。 2.所有教学活动都以学生为主体，让学生成为主动学习、参与解决问题的个体

教学过程	一、激趣导入（3分钟） 师：新学期开学了，我们班换了新教室。为了让新教室更加美观，同学在更好的环境里生活和学习，我们要设计班级的标语。谁能说一说你想设计的内容？ 师：老师在课前也设计了两个关于我们学校校训的标语，我们一起来看一看。 （出示对比图片） 师：如果让你做设计师，你想为我们班选哪个？为什么？ 师：说得很好。像这样非常漂亮又有艺术性的字我们叫作艺术字。（幻灯片播放"艺术字"三个字） 师：老师收集了一些用艺术字制作的有关于班级标语的 word 作品，现在我们就来欣赏一下！ （出示8—10张 PPT 展示的作品，带音乐） 师：这节课我们就利用艺术字制作标语。最后要选出2～3个优秀作品在班级展览。 二、自我探究（10分钟） 师：既然我们想插入艺术字，首先就要找到它。那么怎样才能找到艺术字呢？在这里，老师给大家提供一个学习素材文件夹，请看大屏幕：大家可以根据文件夹中的提示图片和微视频的内容进行尝试，用艺术字为班级制作标语。 师：现在就开始你的创作吧！ （学生自主探究，教师巡视，发现问题） 师：（这里叫起一名只会插入艺术字，不会编辑的同学）你能说一说你是怎样操作的吗？ 师：老师刚才在巡视过程中发现有的同学不仅会插入艺术字，还对艺术字进行了加工和处理。（叫起一名会选中艺术字后进行编辑的同学）

师：你说一说你是怎么做的？

三、小组交流（10分钟）

师：同学们都制作好了吗？

生：制作好了。

师：现在请同学们参照我们的问题反馈单，小组交流，在刚才的学习和创作过程中，你都掌握了什么技巧？由组长带领填写问题反馈单。

小组汇报（10分钟）

（每组派2名代表进行汇报，一人讲解，一人操作，一共汇报两组）

师：下面请你们小组来汇报你们小组的学习情况。

生：我学会了怎样更改插入的艺术字当中的内容，单击"编辑文字"，再输入更改后的内容，这里我缺一个句号，加上，单击"确定"。我们组××同学会更改艺术字样式，单击"艺术字库"，再选择一种样式，单击"确定"就更改成功了。我们组××同学和我们分享了他改变艺术字形状的方法。单击艺术字形状，选择合适的形状，艺术字便自动变成我们刚才选择的形状了。我们组××同学还利用微课学会了设置艺术字格式，这是他的作品。

师：其他同学看了他们小组的作品，有什么疑问吗？

师：有没有人能帮助他解决这个问题？

五、个人作品再次创作（5分钟）

教师巡视指导

六、全班展示（2分钟，配乐）

展示作品

七、总结延伸（1分钟）

师：刚才，在展示的过程中，同学们一定看到了××的作品，他的作品和我们的相比，有什么不同呢？

生：他的艺术字又加上了图片。

师：这个问题就留待我们下节课的时候来解决。

【样例评析】

教师采用任务驱动教学模式，通过给学生预留任务，让学生探索学习工具（word 文档）的使用方法，并在交流合作中实现知识的内化和吸收。任务驱动模式虽隶属多媒体教学环境，但是在数学、英语以及信息技术、科学学科应用居多，其要义是通过学生在极为感兴趣的任务驱动下，通过合作、交流完成任务，帮助学生获取信息、整理信息、提炼信息；通过自学、互学的生成，帮助学生内化知识，并养成学生自主、合作、探究的学习方式。在任务驱动下，变"要我学"为"我要学"，我们师者又何乐而不为呢？

第四节　情境教学模式

案例启思

这是我们常见的英语课堂教学场景：在小学三年级英语新授课上，老师正在呈现课文中 Peter 一家人在海边享受阳光和海滩的情景。在学习新短语环节，为了帮助学生多种感官参与学习并能够理解 enjoy the sunshine，collect shells，swim in the sea 等短语，从而形象、直观地感知 enjoy，swim 和 collect 的词义，教师在教授这些短语时让学生发挥想象，边说短语边做 enjoy the sunshine，swim 和 collect shells 的动作。接下来师生一起采用 TPR 教学法，即全身动作反应法复述课文，即学生在教师的领读和动作示范下齐声复述课文，边复述边模仿教师做相应的动作。乍一看这节课，没有什么大问题，热热闹闹中孩子们也学到了相应的知识点，但是深度思考，孩子们听指令做动作，这就是我们想要创设的情境教学吗？

问题剖析

就设计意图而言，本案例中教师让学生边说短语边做动作的目的是要让学生通过身体动作形象、直观地感知语言，准确地辨析 enjoy the sunshine，collect shells 等动词短语，同时激发学生的学习热情，活跃课堂气氛，但这种模拟的、借助想象的、边表达边做动作的活动虽然能帮助学生形象而直观地感知语言、理解句意，却不能创设出"真实的情境"，对于语篇的理解、任务的驱动无法达到预期的教学目标，导致学生虽然参与了课堂活动，却将词汇与篇章内容割裂，感觉只是掌握了几个动词 enjoy，collect 等的词义，对文本缺少整体把控与认知，以致最初的设计意图无法达成。

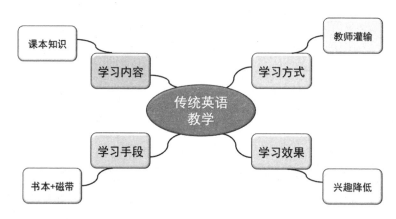

图 1 - 4 - 1　传统英语课堂教学弊端

这种课堂教学仍然以传统的教学模式为主，即以教师为中心、书本为中心和课堂为中心的教学模式，以单向性的知识灌输为主，教学方式单一，存在以下问题：

一、以"师"为中心，忽略了课堂体验

传统课堂是老师"独舞"的舞台，学生只是旁观者，教师为了完成既定的教学目标和学校规定的教学任务，多采用"填鸭式"教学模式，这不利于

学生自主学习。教师经常忽视对学生"学"的有效性和差异性，学生没有足够的学习动力，课堂变得沉闷、枯燥，最后多数学生变成了"低头族"。即使采用多元化教学，但由于每一项活动的开展都需要教师课前大量的时间和精力以及较强的理论做支撑，最后往往流于形式，对培养学生各种能力所起的作用微乎其微，而多数教师通常按照并依赖滞后的教材准备教案，向学生一刀切式地传授知识，因此教师的讲授往往吸引不了学生的注意力。

二、以"试"为目标，阻碍了个性发展

传统课堂中教师制订的教学目标是单一的、固定的，注重知识性目标，忽视过程性与情感态度目标，欠缺对学生个体差异性的考虑，与新课标的要求相差甚远。教学中采用的教授法也多只注重结论，考试成绩"至上"，考试结果是一切教育活动的指挥棒，却忽视了学生对知识的体验过程。教师习惯于灌输知识，学生无须动手实践就可以快速地将知识存储于自己的大脑。这种方式剥夺学生思考的权利，导致学生只会死记硬背，而缺少质疑能力、创新能力的培养。传统课堂教学使用固定的统一教材，教师忠实地执行教材，教材上怎么写，教师就怎么讲，还美其名曰"尊重教材"。他们视教材为金科玉律，不敢越雷池一步，毫无遗漏、毫不越位地传授教材内容，缺乏针对具体个人的差异性和独特性教学，使教材成为禁锢学生自由创造、大胆创新的枷锁。

三、以"绩"为评价标准，导致了兴趣的丧失

目前，一些学校还存在着以学生成绩定教师业绩的现象，教师对学生的评价相对单一，过于注重结果的终结性评价而忽视过程性评价，导致学生失去学习兴趣，压制了学生学习的自信心与积极性，学生自主学习自主发展的能力与品质得不到应有的训练与培养，学生的个性健康发展受到了极大影响。

解决策略

一、情境教学模式

情境教学模式（SLT，*Situational Language Teaching*），指在教学过程中，教师有目的地引入或创设具有一定情绪色彩的、以形象为主体的生动具体的场景，以引起学生一定的态度体验，从而帮助学生理解教材，并使学生的心理机能得到发展的教学方法[①]。创设情境需要遵循以下原则：（1）创设直观情境，启发学生思维；（2）创设生活情境，拉近学生与知识之间的距离；（3）创设社会情境，缩小学校教育与社会教育之间的差距；（4）创设真实或模拟真实情境，丰富学生情感体验。

多媒体技术的快速发展以及其在教育领域的广泛应用，为情境教学模式的发展奠定了良好的基础。情境教学模式吸取传统教学模式的优势，并在此基础之上加以发展。下面就传统教学模式与情境教学模式进行比较，具体如下表 1-4-1 所示[②]。

表 1-4-1　传统教学模式与情境教学模式比较

维度	传统教学模式	情境教学模式
教学过程	以教师活动为中心	教师主导，学生主体
教学方法	灌输式	有意义的学习
教学目标	参照教学大纲与课程标准	学生的全面发展
教学流程	按教案程序操作	相对稳定，但不固定
教学主体	教师	学生
教学手段	陈旧、单一、简单	多媒体技术支持

---

① 潘凤娟. 情境激趣关注全体：把英语教学还位于学生 [J]. 新一代（下半月），2012（10）：73-74.

② 刘玉环. 多媒体技术支持的情境教学模式研究 [D]. 新乡：河南师范大学，2015.

续 表

维度	传统教学模式	情境教学模式
教学评价	总结性评价 教师评价	多元评价 （过程性评价、总结性评价） （教师评价、生生互评、自我评价）

二、多媒体情境教学模式

　　情境教学通过为学生创设逼真的语言环境，使学生能够身临其境地感受语言的语感，从而在特定环境中产生特定的反应，完成学习。在情境教学过程中，多媒体的运用不可或缺，图片、文字、音乐、视频、影像，这些都可以通过多媒体来进行全方位的展示，教师可以利用多媒体技术优势帮助学生设置语言情境，以便快速引导学生进入语言学习的状态。学生在情境教学中，体会的并不仅仅是语言环境的改变，还可以体会所学语言国家人们的日常生活文化，从而更好地丰富自身知识。在师生共同构建合适的学习场景的过程中，教师和学生们之间的沟通就会相应地增加，相互了解也会日益加深。因此，教学不会再是枯燥乏味的你讲我听，而会变成一种师生合作的关系，相互帮助、相互协调的师生关系更加健康，更加长久，这样融洽的师生情谊更有助于学生对于语言的学习。

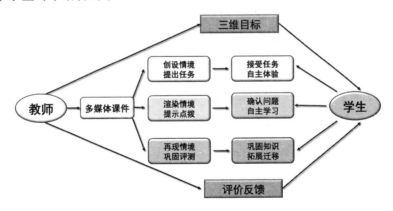

图 1 - 4 - 2 多媒体情境教学模式

1. 创设情境，激发学生学习兴趣

兴趣是最好的老师，学生学习的兴趣越浓厚，学习内驱力越强烈，学习所取得的效果就越好。教师可根据教学内容，通过一定的方法，如视频演示情境、图画再现情境等，呈现能够激活学生情境思维的各种场景，使学生在产生浓厚的学习兴趣之余，对教学内容产生亲切感，并初步形成一种感性认识。如在讲解 Christmas 这一教学内容时，可以先向学生展示一些包括 Christmas tree 和 Santa Claus 等内容在内的圣诞节的相关图片及活动视频，同时向学生讲解圣诞节的相关来历、西方人过圣诞节的方式以及 Spring Festival 与 Christmas 的差异，为学生创造一种真实的学习环境。为了加强学生对圣诞节的印象，教师还可以向学生展示圣诞老人的帽子、圣诞卡片等实物，同时让学生扮演圣诞老人，加深学生对圣诞节相关知识的了解。这种图片、影像加实物的教学方式，能够在课堂上为学生创造一种真实的圣诞节情景，不断提高学生的学习积极性，渲染了课堂气氛，让学生在真实环境中用英语进行交流，增强课堂效果。

2. 还原生活情境，激活学习高阶思维

学生学习与生活息息相关，任何脱离生活实际的学习都无法真正达到教学目的。因此，在情景教学中，与生活实际相结合，更有助于教学活动的开展。可以最大限度地模拟和还原现实生活，激活学生思维，使学生通过视觉、听觉等加深对课堂所学知识的理解与建构，从而更加牢固地掌握课堂知识。如在学习《分数的初步认识》时，还原班级一名过生日的同学分蛋糕的真实情境：4 个人如何分；后来家里来了一位客人，5 个人如何分；还想给邻居再留一块蛋糕，又如何分……大家开动脑筋，集思广益，培养了学生的创造性思维能力、批判性思维能力、问题解决能力和自主学习能力等。

3. 注重体验参与，促进自主学习

情境教学法是一种寓教于乐的教学方法。在创设情境的过程中，学生的体验参与是不可或缺的。在教学过程中，学生的参与程度对于教学的成功尤为重要。基于小学生的心理发展特点，他们更喜欢探寻未知的事物，更喜欢得到老师和家长的认可，情景教学法的运用不仅能够引导学生进行自我学习与探索，还能够让他们的身心得到全面发展。在学习购物的活动中，为学生创设购物体验情境，如模拟创办班级小超市，提高学生的参与热情，通过扮演不同角色，把学生引导到积极主动的位置上，让学生有事可做，有亲身体验，教师只是帮手、导演、组织者，这样学生能更有效地在活动中主动运用他们应该掌握的语言"How much is it? It is...yuan."在运用知识进行交流的过程中，不但可以巩固所学知识，加强对学生听说能力的培养，而且团队协作能力、自主学习能力、解决问题的能力等也能够得到提升。这些能力的培养和提升不是一蹴而就的，而是点滴养成的。

创设的情境在教学中自然延伸，符合学生的接受水平，能对后继学习的知识的"生长"迁移产生持续的作用，更能调动学生积极主动地学习、思考和探索，并伴随着一种积极的情感体验，透彻理解教学内容，自然地开展学习活动。教师要把控整堂课的重点和大情境观，有一根主线连接各个小情境，使各个教学板块之间相互联系、紧密结合、环环相扣，整体推进课堂教学进程。

课堂教学是动态生成的，情境创设也应是动态的、发展的。优秀的课堂教学应让学生意犹未尽，要创设自然的情境，将课堂自然延伸拓展至课后生活实际当中，构建完善的知识板块，整体构建语言知识体系。

样例展示

沪教版牛津英语五年级上册 Unit 9 Around the city 第二课时教学设计

一、设计思路

以小学英语新课程标准中的理念为依据，从激发学生学习英语的兴趣、培养学生学习英语的积极态度、树立学习英语的自信心入手，依据五年级学生的心理及生理特点，采用"任务型"教学法、情境教学法、多媒体辅助教学法，让学生在参与语言任务的活动中习得英语知识。通过自主学习与合作学习相结合的学习方式，体验获得知识的成功与愉悦，发展综合语言运用能力。

二、教学分析

（一）教学内容分析

教材编排注重以学生为中心，强调语言情境在语言学习中的作用，充分考虑学生的心理特点、知识结构和已有经验。学生通过参与不同层次的实践、体验、交际活动，加深对自己、他人和周围世界的认知和了解。

第九单元的主要内容是在真实的语境中问路、指路，它与整个模块内容联系紧密。本节课是第九单元的第二课时，内容包括掌握 *Say and act* 部分的场景对话，巩固本单元的重点生词和句型，以及了解 *Learn the sounds* 部分字母组合"sm""sp"和"st"在单词中的发音。

（二）教学对象分析

本课的教学对象是五年级的学生，处在这个年龄段的学生已经掌握了一定的英语基础知识，形成了一定的学习方法和策略，但学习能力已逐渐显现出差异性，学习成绩开始出现两极分化。所以在教学中，既要注重全面发展，又要关注个体差异，使每个学生都能在原有基础上取得进步。

为激发各层次学生英语学习的兴趣，在任务设计中抓住学生的心理特点，一方面运用直观生动的手段，采用多种方法，提高学生学习的积极性。另一方面要创设生活化的学习情境，引导学生在生活中学习和运用语言交际，发挥学生的主动性与主体性，同时要在学习过程中对学生的表现和取得的成绩进行及时的评价，激励学生学习，使学生获得成就感，增强自信心。

三、教学目标确定

（一）知识与技能目标

1. 能够使用"How do we get there?"问路，并能用"Walk along...Turn left..."等句子帮人指路。

2. 能正确读出字母组合"sm""sp""st"在单词中的发音，并能迁移运用到其他含有相关字母组合的单词拼读中。

（二）过程与方法目标

1. 正确使用"Learning Guide"自主学习，学会解决问题。

2. 锻炼与他人合作的能力以及自主探究的能力。

（三）情感态度与价值观目标

1. 通过参观动物园活动，培养学生热爱动物、保护环境的意识。

2. 能够主动帮助别人指路，乐于助人。

四、教学难点及重点

本课的教学重点是能够使用"How do we get there?"问路，并能用"Walk along... Turn left..."等句子帮人指路。教学难点是如何参照地图找寻路线，并准确使用描述路线的短语和句型。五年级学生的方位辨别能力有限，特别是平面图上的路线，所以我把辨别方位作为本课的难点。为了突破这一难点，我设计了多种活动，如多媒体软件演示辅助教学，创建"班级动物园"活动等，帮助学生感知、观察、实践、参与，达到理解、接受、实际运用，化难为易的目的。具体方法在下面的教学过程中详述。

五、教学环境分析

英语学习与应用离不开语境，借助多媒体创设语境可收到事半功倍的教学效果。在教学伊始，通过电脑播放动物园及动物的录像，创设即将参观动物园的教学情境，激发学生学习热情。在复习旧知时，利用多媒体教学软件逐个呈现场所图片,动态呈现行走方式,使学生能够结合具体情境表达,做到语言的综合实际运用。

六、教学流程设计

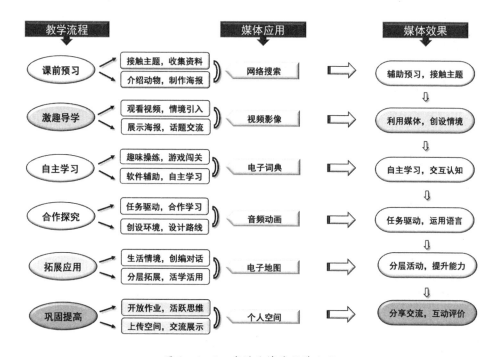

图 1-4-3　多媒体情境教学流程

七、具体教学过程

步骤	具体内容	设计意图
Step 1: 课前预习 接触主题	兴趣是最好的老师,是学好英语的关键。为了激发学生的学习兴趣,我推出了"动物园一日游"活动计划,通过播放动物相关短片,创设真实情境,鼓励学生展示课前制作的英文海报,介绍自己喜欢的动物	为下一步课堂教学活动的顺利实施,提供有效的语言素材

续　表

步骤	具体内容	设计意图
Step 2： 趣味练习 游戏闯关	为了提高课堂活力，帮助学生复习和运用所学，我设计了针对不同层次学生的"闯关游戏"，并以奖励动物园门票的评价方式，激发学生的参与热情。 Round 1：路标识别，呈现常见的道路标识，复习短语 walk along，turn left 等。 ROUND 1 Turn left　　Walk straight　　Turn right No parking　　Do not enter Round 2：寻找场所，逐个呈现公共场所（如 hospital，flower shop，post office 等）及所在街区的图片，教师通过询问"Where is the...?"，让学生熟悉并回答各场所所在街路，帮助学生熟悉街路名称，如 Spring Road，Smart Street 等，同时预设学生对于字母组合"st""sp""sm"可能出现的读音问题，设计图片链接，引导学生总结发音规律并拓展相关词汇，避免了语音学习的枯燥。	运用多媒体，多形式、多角度地实现从单词、短语到句型逐层复习，让学生在游戏中提取、再现并运用存储的知识

步骤	具体内容	设计意图
Step 3： 布置任务 合作学习	Round 3：助人为乐，帮助 Kitty，Peter 和 Alice 分别找到从家到动物园的最佳路线。 为了充分发挥学生学习的主动性和积极性，明确学习目标和任务，设计了两个不同类型的教学活动，完成了"学习任务单"和"创建班级动物园"活动，让学生在真实的语言环境中具体地运用所学语言。 活动一：小组合作互助学习课文对话，按要求有步骤地完成和掌握"学习任务单"中的内容，充分发挥小组合作的优势，让各个层次的学生都能实现自己最基本的学习目标。 第一部分的内容是听音，选择并连线。简单易懂，适合小组内基础较弱的学生完成和掌握。 第二部分的内容是阅读课文并画出正确的路线，需要在了解对话内容的基础上完成，适合中等水平的学生。 第三部分的内容是根据课文内容补全句子，需理解和掌握课文内容后填写，适合基础较好的学优生完成。	由于本课时没有新的知识点和需要突破的地方，所以在小组合作完成任务单内容的基础上，通过自读、齐读、分角色朗读等方式，帮助学生熟悉和理解课文

续 表

步骤	具体内容	设计意图
	活动二：为将文本转换为语用，我设计了创建"班级动物园"的真实语言环境，实现语言交际。首先将学生课前预习制作的动物海报进行整理归类，摆放在教室的不同位置，再将组间的道路命名为"Smart Road""Star Road""Spring Road"等并粘贴路牌，然后让喜爱不同动物的学生自由组成小组（每组4—6人），每组成员选出自己想要参观的动物，根据自己小组的起点位置，通过行走体验设计最省时、省力的参观路线，绘制成图并汇报，最后，通过小组互评的评价方式，评选出"最佳路线设计奖"。	通过创设参观动物园的真实情境，设置寻找参观路线的挑战任务，激发学生的参与热情，提高学生的思维能力和创新能力，帮助学生更准确地理解和运用语言，同时让不同层次的学生在合作学习的过程中获得归属感，学会倾听、尊重、谦让和共享
Step 4：延伸扩展 活学活用	语言学习的最终目的是为生活服务，为了将本单元的重点句型运用到生活实际，我开展了"情景对话创编"活动，提供"帮助走失的Tim找到家""帮助朋友Jenny找到公园卫生间"和"帮助外来旅游的Green一家找到景点"三个生活中常见的真实情境，并附以相应街区图片，让学生以小组合作的形式，选择情境创编对话和绘制路线	让学生充分发挥其主动性、创造性，在活动中通过思考、交流、合作等方式，主动探究和运用语言，促进学生创新能力的发展和综合语言运用能力的提高
Step 5：作业布置 灵活开放	小组合作设计"My city"的开放性作业。拍照上传个人空间，交流分享	为巩固本课所学并为下节课问路的练习做好铺垫

【样例评析】

一、运用多媒体，创设导入情境，激发兴趣

多媒体的优势就在于它能运用音乐、图片、动画、影视等手段强化感知，提供多样化的外部刺激，加深学生对现实情境的感受和理解。上课伊始，学生新的学习动机还处于低谷状态，这时利用动物园宣传短片创设情境，巧妙地导入课堂教学，激发了学生的学习兴趣，同时为下一步课堂教学活动的顺利实施提供有效的语言素材。

二、运用多媒体，创设游戏情境，趣味操练

运用多媒体增强教学的感染力，提高课堂活力，帮助学生复习和运用所学，针对不同层次学生的"闯关游戏"，以奖励动物园门票的评价方式，激发学生的参与热情，多形式、多角度地实现了从单词、短语到句型逐层复习，让学生在游戏中提取、再现并运用存储的知识。

三、运用多媒体，创设探究情境，自主学习

新课标提出，英语要在情景中学。多媒体能很好地创设情境，使所学内容与生活贴近，让学生有身临其境之感。完成"学习任务单"和"创建班级动物园"的活动，让学生在真实的语言环境中具体地运用所学语言，充分发挥学生学习的主动性和积极性，明确学习目标和任务；让学生的手、眼、脑、口、耳等多种感官共同参与知识的内化过程，使学生的心理活动处于主动、活跃的状态，满足学生作为个体的需要，调动学生学习兴趣，激励学生努力成为一个发现者、研究者和探索者。

四、运用多媒体，创设交际情境，延伸拓展

曾有一位著名的学者说过，"英语的外延是生活"。美国教育家布朗认为，

"学习的环境应该放在真实的背景中，使它对学生有意义。""情景对话创编活动"，提供"帮助走失的 Tim 找到家""帮助朋友 Jenny 找到公园卫生间"和"帮助外来旅游的 Green 一家找到景点"三个生活中常见的真实情境的创设，让学生充分发挥其主动性、创造性，为学生提供了身临其境的感性替代经验，学生在活动中通过思考、交流、合作等方式，主动探究和运用语言，促进学生创新能力的发展和综合语言运用能力的提高。

第五节　讲练结合课堂教学模式

案例启思

老师年近 50 岁，工作多年，教学经验丰富，但是不愿意接受新鲜事物，学校的信息技术培训总是应付了事，他觉得课堂上用一块黑板、一支粉笔完全能完成教学任务，而且工作一直顺顺利利，这更加坚定了他的想法。有一天，他要讲一节长方体和正方体的课。这也难不住他，他用粉笔画的图准确度是全校有名的。课前他看到同事在制作课件，还说："这些图形和知识点都在我的脑子里呢，我不用课件也能完成教学任务。"直到他去听同事的课，发现同事利用课前制作的多媒体演示动态画面不仅能够突出重点，巧妙理解计算方法，还能够帮助学生将平面上画的立体图形真正立起来，这样借助多媒体教学直观形象，很快突破教学难点，有效地发展了学生的空间思维能力。在体积计算方法的教学中，利用实物演示比较麻烦，且效果不好，在黑板上画图也不直观。同事制作的多媒体课件，清楚地演示出了体积公式的推导过程，帮助学生很好地理解并掌握了公式，把抽象的数学知识与具体生动的动态画面联系起来，不用教师多讲，学生就能准确、快速地理解和掌握。这下让李老师眼前一亮，心想：这节课如果这样讲确实比我的粉笔加黑板好得多，看来我需要加强学习了。第二天他就拜同事为师，开始学习课件的制作方法。

问题剖析

一、黑板不再是现代课堂中唯一的教学工具

传统教学中，教师们通常会把关键词、示意图、解题进程等进行板演或请学生互动，常常会使用黑板，请学生在黑板上书写、解题等。黑板作为全课总结梳理环节的工具，其作用不可忽视，但也存在着问题：板书时间占用了紧张的授课时长；有些教师的板书设计不够规范、精美，其作用不大；有些数学课上的示意图或科学实验等无法随手画出来。

以往教学中"一支粉笔，一块黑板"，相比现代化教育技术显得有些力不从心，所以，这些问题也激励着一线教师不断优化教学手段，将演示文稿引入课堂，出现了幻灯片辅助教学的状况。教师能够自我设计制作演示文稿，利用多媒体技术的强大表现力，支持教师在对某一问题讲解时凭借其直观、生动、易于理解等特点，使教学更加便捷，使学生更加易于理解知识点，从而圆满完成教学任务。

在"粉笔加黑板"的传统课堂教学中，教师板书和作图需要花费不少时间，使教师讲解知识和学生练习的时间减少，降低了教学实效，并且教学方法单一，难以激发学生的空间想象力。运用多媒体可方便地在幻灯片上输入文字、符号、公式、定理，并可创建自己的图画。教师可以设计好教学方法，

将教学内容制作在幻灯片上，并设置放映方式。按教学进程放映幻灯片，大大地节省了板书时间，并可以加快教学进度，增加教学容量，促进师生互动，提高教学效率。

二、部分学习相对单调乏味又抽象枯燥

一些学科知识相对比较抽象、枯燥，运用多媒体教学后，可以将其定理、复杂的演变推导过程和运动形式，利用动态的影像或图解，辅以文字，提供大屏幕投影展现给学生。例如，数学课，在学习数列极限的概念时，为了引入其极限思想，引入实例：利用圆内接正多边形来推算圆的面积，通过多媒体课件的动态演示，学生发现，随着正多边形边数的增加，其内接正多边形的面积无限接近于圆的面积，通过这个动态图像的不断变化，从直观形象上就清晰地体现出正多边形与圆面积的近似程度愈来愈高，从而使得学生对极限有了非常形象的感性认识，在此基础上进一步给出数列极限的理论定义，学生就容易接受了。

多媒体技术特别适用于高等数学课程教学中的某个问题在课堂上不宜板书、难于表述，但通过可连续变化的动画形式把它展示出来（如：导数、定积分概念的引入），使学生生动形象直观地看到问题变化的全过程，而且印象深刻。同时利用多媒体课件能够非常清晰地展示一些内容较长的定义、定理以及必要的文字阐述，提高课堂教与学的效率，增大教学信息量的输入与输出。

没有最好，只有更好。无论是黑板还是多媒体，都是辅助教学的一种手段、一种工具，老师们要熟练应用，利用其达到教学目标，适合学生认知规律和身心发展即为最优。若能将其互为补充、游刃有余地应用到课堂教学中，最受益的就是学生。

解决策略

信息技术的快速发展为课堂教学提供了各种功能强大的教学辅助工具与软件，灵活使用这些工具与软件能够对教学活动中的各个环节和各个要素的内容与形式进行优化，能够灵活、充分地彰显信息技术对教育教学的支撑和改进作用。

一、讲练结合式教学模式

所谓的"讲练结合"，实际上是指教师在教学的过程中启迪和引导学生的思维，让学生拥有自主分析和思考的空间和时间，从而实现教师的"讲"与学生的"练"的完美结合[①]。那么由此可以理解，讲练结合式教学模式是由教师的教学行为——课堂精讲，学生的学习行为——能力训练，交替并列进行的一种教学方式。这种教学模式简便易行，具有很强的可操作性，具体如图1-5-1所示。

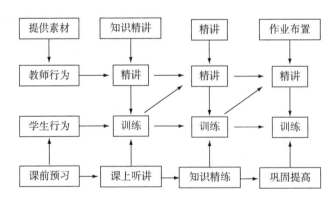

图1-5-1 讲练结合课堂教学模式

---

① 李永基. 讲练结合 创建高效数学课堂［J］. 中学课程辅导（教师通讯），2019（07）：98.

二、讲练结合课堂教学的突出特点

1. 重视学生的"学"

讲练结合课堂教学是建立在"堂教自主学习"主理念上的，在这种教学模式下的课堂，学生的主体意识得到了加强。与传统教学模式相比，讲练结合课堂教学模式中，教师的授课时间将会大幅度减少，反之学生自主学习或合作学习的时间将会大幅度增加。

2. 突出教师的"导"

由上述内容可以看出，讲练结合课堂教学十分重视学生在教学过程中的主体地位，学生自主学习的时间占到了课堂总时间的三分之二甚至还要多。那么，教师的作用被弱化了吗？实际上并没有。相反，讲练结合课堂教学对教师提出了更高的要求吗？实际上强调了：①教师课前调动学生学习热情与兴趣的时机与方法技巧；②教师对于学习方法的传授；③教师对于学生疑惑的敏锐度，及时给予相应的点拨；④教师针对学生自主学习所得进行交流展示并给予恰当的点评[①]。

3. 在恰当的时候"讲"

讲练结合课堂教学同样关注"讲"在教学过程中的重要作用，仅依靠学生的自主学习或是教师的零散讲解都不是"合格"的讲练结合课堂教学。首先，"学生的讲"。小组讨论、合作探究的目的就是为了让学生能够有一个交流想法、碰撞思绪的平台，因此，学生在合作学习时需要积极参与，大胆发言。其次，各小组展示交流。在小组展示环节，各小组代表对本组的合作学习所得进行交流展示，鼓励他们尽量创新、丰富交流展示的方式。第三，教

---

① 陈火木. 课改背景下"学导为主 讲练结合"课堂教学模式的实验探究［J］. 考试周刊，2017（14）：157.

师精练点评。在点评环节，教师需要对各学习小组的交流做归纳总结，及时纠正误区，指出亮点与不足，让学生有所提升。

4. 用更多的时间"练"

知识是复杂抽象的，讲练结合教学模式给予学生更多实践的机会，目的就是让他们能够在操作中去体会和感悟，并把知识转化为能力。讲练结合教学模式要求教师在每堂课上都必须给予学生充足的时间：①检测学生自主学习效果的练习时间；②检测课堂达标效果的练习时间。

三、教学模式的优势

1. 创设真实有效的教学情境，激发学生的学习兴趣

建构主义学习理论中，创设真实有效的教学情境是学生"意义建构"的基本前提，也是必要前提。而多媒体技术作为创设教学情境的有效工具，可以让教学情境显得更加逼真，让学生能够产生身临其境的感觉，继而能够帮助学生更好地理解、掌握所需学习的知识。应用多媒体技术创设的教学情境不仅可以激发学生的学习兴趣，还能在一定程度上降低学生对未知知识的恐惧，继而有利于教学的顺利有效开展。例如：高中数学是一门非常注重学生计算能力、推理能力、逻辑思维能力与空间想象力等能力培养的学科，因此，教师在高中数学教学课堂上利用计算机信息技术来结合学生的生活、学情等创设教学情境时，可以充分调动学生的视觉、听觉等感官，让学生能够在课堂上从多角度、多层面感知数学知识。之后教师再进一步引导学生深入思考、探究，在观察、认知、理解的基础上去发现数学知识背后的规律，探究数学知识之间的内在联系。如此便可以在记忆知识的同时有效地提升自身的理解、逻辑思维能力。

在高中数学"二面角"的教学过程中，教师在课堂上可以首先借助投影

仪、幻灯片这类多媒体工具来为学生创设一个直观的、生动有趣的生活化教学情境，以此来引起学生对于数学课堂的兴趣。众所周知，每个年龄阶段的学生都对未知的事物有着强烈的好奇心，这样教师便可以通过展示人造卫星的轨道平面与赤道平面所形成的角度、山体与地面之间所形成的角度等类型的图片激发学生的好奇心，之后再逐步引导学生结合自身已有的数学知识思考这些图片中角度的形成原因。当学生存在疑惑时，教师便可依据课本上二面角的定义、二面角棱的定义、二面角面的定义一一为学生答疑解惑。借助多媒体技术所展开的教学课堂在提升学生学习探究兴趣的同时，能增强学生的学习兴趣，继而提高学生的学习效率。

2. 利用多媒体技术，引导学生探究式学习

学生学习并不仅仅只是要求学生记住相关概念和理论知识，它还要求学生能够根据已有经验举一反三，更为重要的是，要让学生形成自主、合作、探究的新型学习方式。也就是说，学生要依据已学知识来提出有意义、有价值的问题。在传统的数学教学模式中，教师过于注重最终的结果，而容易忽视过程为学生带来的益处。如：多媒体技术在数学课堂上的应用就有利于学生推理能力的训练，可以让学生在真正掌握解题思路、方法的同时学会分析、判断与归纳推理，最终可以有效地提高自身的探究能力。

例如，在高三的数学复习课上，当复习指数函数与幂函数时，很多同学都会有一个疑问：既然幂函数、指数函数互为反函数，且其图像关于直线 $y=x$ 对称，那么若是在（0，1）这个区间内任选一个数，两个函数的图像是否会在其对称线上有交点呢？若是在（1，∞）这个区间中任意选择时，其图像又会呈现怎样的特点呢？这个疑问的存在便非常有利于学生逻辑思维能力、推理能力、探究能力的培养，而在传统的教学模式中，教师通常要求学生自主画图来分析，之后教师在板书上与学生展开探究验证。然而手绘图像毕竟存

在一定的偏差，这对学生的探究学习会造成阻碍。多媒体技术的应用可以将图像精准地通过投影仪展现出来，此时教师可让学生将之与自身所绘图像进行对照，这有利于学生的分析比较，从而得出正确的结论。

3. 应用多媒体技术帮助学生增强记忆效果

相关调查结果显示，学生单纯通过听讲而记忆的知识仅占整体知识的15％，单纯利用视觉观察所记忆的内容为25％，而通过听觉、视觉的有机组合方式所记忆的内容为65％，甚至更多。因此，多媒体技术作为新型辅助教学工具，对于增强学生的记忆能力起着积极作用。

在传统的教学模式中，教师大多利用黑板板书结合讲解的方式进行知识的教授，这种静态的讲解与展示很容易让部分同学无法理解；而多媒体技术的合理有效应用能很好地解决这一问题，它能让数学知识以板书的静态方式结合幻灯片中的动态方式，再辅以教师的讲解方式来呈现，从而有利于学生通过直观而又生动的教学方式去理解知识并留下深刻的印象，继而加深记忆效果。

例如，在正弦、余弦、正切函数的学习中，教师先利用电脑直观而又准确地将正弦、余弦、正切三种函数的变化趋势以动态方式为学生呈现，教师再实时加入生动而又合理的理论知识讲解，让学生了解图像所展示的内容、所代表的趋势以及此三种函数的变化规律。通过这种抽象的理论与实际的图像相结合的方式，帮助学生掌握正弦、余弦、正切函数的概念和特点。动态的图像可以加深学生对所学知识的印象，继而增强记忆效果。

与多媒体教学相比，传统教学模式的局限性非常明显，由于高等数学课程内容自身具有抽象、枯燥的特点，高职学生学习难度较大。课程内容中很多概念的定义、定理，包含着运动、变化的极限思想，单纯利用教学模型、挂图、板书手画图形这些静态教具加以说明，不能进行图形的动态演示，学生很难发现和理解这些抽象问题"动态变化"过程中的规律及结论；另外，大段定义、定理的概念通过板书展示以及随时的徒手画图往往需要大量时间，占据黑板空间，因而造成教学低效。

4. 讲练结合的方式

（1）接受式。即先精讲概念、理论、方法等，再以练习巩固反馈。

讲练模式侧重于通过练习活动充分发挥学生的主体作用，但它绝不忽视教师的"精讲"，有时甚至其还发挥主要作用。但必须注意，这里的"讲"绝非机械的、填鸭式的讲授，而是充分利用学生原有的知识结构，进行启发性的精讲分析，引导学生思考，扩大其知识结构。

（2）发现式。即由学生通过练习，综合运用新旧知识去探究发现规律、结论。此种形式的一般方法，即"设疑以激发动机—提供材料和途径以分析论证—综合提炼以得出结论、方法"。

（3）指导发现式。即在教师指导下，以练带讲，以讲促练，使讲和练融为一体。它要求教师一方面利用讲练手段充分把学生推上主动者、创造者地位，并在学生的创造性行为和关键问题上扮演好一个引导者的角色；另一方面又要控制学生思维和行为发展的方向，逐步推动教学目标的实现。这是讲练结合模式较高层次的体现，如果运用得当，会事半功倍。

（4）创造式。即向学生展示教学目标，提示读书学习方法，指导学生自学，让学生自己整理知识体系，并提出问题或设计练习。教师巡回个别指导、讲解，把好的问题、练习再交由学生讨论解决，或让学生上台讲解。这种形式能挖掘出学生的深层潜能和创造性，学生对自己的练习兴致也很高，但其要求高，难度大，应视具体情况适当把握，科学引导。

讲练结合从整体来说，是讲与练的有机结合，其具体方式又是多种多样的。但须注意，它们并不是孤立的，要根据实际需求在课堂上灵活而综合地运用，才能"妙笔生花"。

样例展示

		教学技能分析
教学重难点	（1）东南亚"十字路口"的重要位置 （2）东南亚的气候特点及其对农业的影响 （3）东南亚地形特点及其对城市分布的影响	教材解读技能 教师要熟悉课程标准，正确把握教材的内容和重点、难点，根据课程标准和学生的接受能力对教材进行恰当的处理
教学过程	【新课导入】 图片导入：出示电视剧《泰囧》中有关泰国风景的图片，提问：泰国位于亚洲哪个地区？	1. 组织教学和导入新课的技能。 结合实际选择学生感兴趣的内容，利用图片导入，吸引学生的注意力，创设情境。 2. 使用教学媒体的技能，熟悉多媒体教学软件、课件的编制
	【讲述新课】——精讲 环节一："十字路口"的位置 师：首先，让我们结合地图来认识一下东南亚的地理位置和领土范围等自然环境条件。请同学们读图并回答以下问题： 1. 如何描述东南亚的维度、海陆位置和范围？ 2. 读图并简述马六甲海峡的位置；简述"马六甲海峡"在世界航运中的重要地位。 3. 找出东南亚主要的国家。 4.（1）哪些国家与中国相邻？（2）哪些国家是内陆国？	3. 设疑和提问技能 教师课堂提问所使用的语言要具有针对性和启发性。 本部分针对东南亚的地理位置和领土范围设计问题，让学生读图回答，对于学生的回答适当给予评价和点评

续 表

师：东南亚人是什么人种？他们的主食是什么？在这样一种气候条件下，东南亚适合什么作物生长？ 生：读课文，完成东南亚主要作物及进出口国表格 自主学习：阅读课文，了解方便面跟红猩猩的关系。探讨农业生产与环境保护的关系。 学生活动：完成《金榜学案》基础梳理——精练	4.组织课堂教学和引导学生学习知识技能。 课堂上合理安排教学过程，讲练结合，提高课堂效率
环节二：热带气候与农业——精讲 过渡：同学们，回顾一下亚洲的气候类型，东南亚属于什么气候？ 生：马来半岛和马来群岛的大部分属于热带雨林气候，中南半岛和菲律宾群岛北部属于热带季风气候。 师：观察如图不同地区气候图，比较两种气候的差别，完成下图	5.采用不同教学方法和教学资源安排课堂教学技能 本部分运用对比法，让学生比较热带季风和热带雨林气候特点，以及在东南亚的分布地区，增进学生对知识点的理解。 适当运用图和表格等教学资源，能丰富课堂内容，帮助学生记忆

表格一：

气候类型	气候特点	分布地区
热带雨林气候	全年高温多雨	马来半岛南部马来群岛的大部分
热带季风气候	全年高温分旱、雨两季	中南半岛和菲律宾群岛的北部

表格二：

农产品	主要分布国家
稻米	
天然橡胶	
椰子	
棕油	
蕉麻	

课堂小结 共建思维导图	6. 总结结束课堂的技能 当上完一节课后，教师要归纳总结、突出重点；使教学内容前后呼应，形成系统；通过共建思维导图，帮助学生理清知识主干
课堂练习：——精练 1. 东南亚包括（　　）和（　　）两大部分。 2. 东南亚位于（　　）洲和（　　）洲，（　　）洋和（　　）洋交汇处，处于十字路口的位置。尤其是（　　）海峡更是最短航线的必经之地，地理位置极其重要。 3. 东南亚主要的粮食作物是（　　），因为这种作物生产需要的（　　）气候，又要投入大量的（　　）。 4. 东南亚是（　　）、（　　）、（　　）和（　　）的最大产地，它是世界重要的（　　）基地之一。	7. 课堂练习进行及时的反馈 教师在教学过程中选择适当的课堂练习，有针对性和重点，对巩固教学效果起到良好的作用
板书 第二节　东南亚（第一课时） 一、"十字路口"的位置 1. 维度位置：大部分在热带 2. 海陆位置："十字路口"。咽喉：马六甲海峡 3. 范围：中南半岛、马来群岛 二、热带气候与农业 1. 气候类型、特征及分布 中南半岛：热带季风气候 马来群岛：热带雨林气候 2. 主要农作物的分布 （1）粮食作物：水稻 （2）经济作物：橡胶、油棕、椰子、蕉麻	8. 板书技能 板书反映教学的主要内容，突出教学重点

续　表

	9. 课后布置作业技能
布置课后作业 1. 完成《金榜学案》相应练习 2. 搜集有关东南亚的旅游资源材料	为了巩固学习效果，教师要根据情况安排作业，还要控制作业的数量和难易程度。 布置作业的形式除了随堂作业，可以丰富作业的形式，如收集相关的网络资料或 ppt 等，提高学生做作业的积极性

【样例评析】

一、讲练结合模式案例解读

（一）新课导入

通过出示电视剧《泰囧》中有关泰国风景图片导入，再次回忆和感受东南亚的独特风情，激发学生的学习兴趣，营造"乐学"的氛围，为下一阶段的学习做好铺垫。展示"东南亚国家和地区分布图"，提问视频中出现的同学去过的国家和当地与青岛有显著差异的水果。由学生的直观感受引出东南亚地理位置的特点，初步形成探寻原因的思维。

（二）讲述新课

环节一：精讲——"十字路口"的位置

学生课前自主学习完成东南亚的组成与位置，通过开放式的设问，鼓励学生多角度回答问题。通过学生在东南亚旅行时所吃主食——米，引出该地区主要的粮食作物——水稻，通过两则材料认识东南亚水稻的产量大及其生长习性，为下一步探究东南亚的自然环境做好铺垫。

学生活动：精练——《学案》基础梳理

在课堂上，学生把自己的预习和探索与学习小组成员共同研究的成果与全班同学分享，老师在认真倾听学生讨论、发言的基础上"点火"，让学生的思维发生碰撞，让智慧之火熊熊燃烧，让学生的潜能得到发挥与拓展，体现学生的主体地位，提高课堂效率。

环节二：精讲——热带气候与农业

设置读图问题——"观察如图不同地区气候图，比较两种气候的差别"，培养学生多角度看待问题的能力，运用因地制宜促发展的理念，大大激发学生的潜能。知识只有在实际应用中才能彰显其价值。利用学生探究完成的东南亚的自然环境特点，去分析其对农作物生长的影响，做到用教材，而不是教教材。提高学生的读图、用图能力。

学生活动：精练——知识梳理

让学生建构内化知识，活化课堂教学，提高教学的有效性和主动性，也提升学习的乐趣和成功的体验。

二、技术工具及应用策略

（一）提升学生对数据的理解能力

1. 借助统计图，使内容呈现更直观、清晰

借助信息技术工具可以对数据进行快速整理、分析并呈现结果，使得数据分析更为快捷，继而帮助学生直观地看清问题和结论。教师要注意分析数据之间潜在的、多维度的关联，为发现问题、寻找依据提供方向和思路。

本节课讲授新课环节，教师首先让学生结合地图认识东南亚的地理位置和领土范围等自然环境条件。请学生仔细观察统计图：①在地图上找出东南亚的位置、范围、主要国家及其首都，读图说出该地区地理位置的特点；②运用地形图，归纳出中南半岛和马来群岛的地势及地形特点、河流特点，解释地形与当地人类活动的关系并回答问题。

2. 使用图表分析数据成为一种学习策略

让地理课与信息技术深度融合，不仅仅可以从本质上帮助学生理解地理信息数据中所蕴含的内容，还有助于培养学生处理复杂数据的能力。地理中的数据很多都是跟趋势有关的，如自然地理中的温度、气压、海拔等系列相关数据和人文地理中人口变化等内容都涉及两个或者多个相关量的变化情况。图表功能，不仅能以多种形式从各方面将数据予以展示，还具有一定的分析功能，为具有变化趋势的相关数据添加趋势线并做出评价。

本节课讲授新课环节，教师引导学生运用图表资料说出东南亚气候的特点以及气候对当地农业生产和人们生活的影响；在地图中找出马六甲海峡，并说明其重要性；指出本区主要物产和自然资源，并说出其分布、生产、出口等情况。帮助学生使用图表分析数据，使其成为一种学习策略。

（二）思维导图的应用帮助学生理清知识主干

课堂上，教师鼓励学生画思维导图，画的过程就是归纳整理的过程，加深记忆；发现哪里不理解，然后提问。老师让学生通过导图自查哪些知识点没有掌握。这个环节教师也可归纳总结、突出重点地使教学内容前后呼应，形成系统，通过共建思维导图帮助学生理清知识主干。

第六节　启发式教学模式

案例启思

某位教师教学《认识角》一课时，为了让学生感知生活中的"角"，配合教师设计"我们去旅游"的情景线索，利用多媒体出示了一系列与交通标志相关的实物：出口指示牌（长方形）、转弯指示牌（三角形）和限速警示牌

（圆形）、手巾（正方形）等，让学生比较它们的不同（长方形、正方形、三角形都有角，而圆形没有角）。

师：这些是什么？

生：交通标志。

师：它们有什么不同？

生1：有些是圆的，有些是方的。

师：还有吗？

生2：它们表示的意义不同。

师：什么不同？

生：转弯指示牌表示……限速警示牌表示……

生2：我不同意……

接着，学生争论起来。

在这种"满堂问"的课堂里，教学气氛十分活跃，甚至有些热闹，但学生受益不多。

问题剖析

剖析上面的案例，我们发现，这位教师为了更好地营造探究问题的情境，激发学生探究的欲望，总是千方百计地联系生活实际，努力创设情景，再引发思考；在这些情景的渲染下，教师有意无意地会抛出一些无关的问题，并且认为尊重学生的所有问题和兴趣才能体现学生的主体作用。当生1已经讲到"要害"时，教师的那句"还有吗"本是想让更多的学生来叙述，提高课堂的参与度，然而教师的随意发问实属画蛇添足。可见，教师的追问如果没有明确的目的、随意发问，就不能体现相应的价值，发挥应有的作用。教师的问要目的明确，把握好度，当学生偏离基本的思维方向的时候，教师来一点"武断"的纠正也是必要的。

纵观日常教学，还有些教师总是在课堂教学中循着课前精心设计的教学程序，通过一连串的追问，牵着学生亦步亦趋地接受一个又一个结论；在问题的设计上，往往过细、过窄，缺乏思考价值，当学生回答的问题正是所期望得到的答案时，教师便会立即抓住，如获至宝地加以肯定或赞扬，于是，对某个问题的讨论也就此画上了句号。即便教师提出的问题具有一定的思维空间，但常常又不能给学生充足的思考时间，这无疑在客观上阻碍了学生思维独立性与创造性的培养与发展，致使学生在思考问题方面存在着比较严重的模仿性和依赖性。

教学中的每一步都由教师领着学生走，教师好像"导游"，拿着旗子在前面喊，一队学生跟着走，无法停下来按自己的需要去观赏，用自己的头脑去思考，可谓走马观花，没有切身体会。概括起来讲，传统的课堂教学存在下面八多八少：教师讲解多，学生思考少；一问一答多，探索交流少；操练记忆多，鼓励创新少；强求一致多，发展个性少；照本宣科多，智力活动少；显性内容多，隐性内容少；应付任务多，精神乐趣少；批评指责多，鼓励表扬少。"重教材，轻学生"导致兴趣丧失。这样的课堂缺少活力，教师教得辛苦，学生学得枯燥。

解决策略

一、启发式教学追本溯源

"启发"一词最早出自孔子的《论语 述而》中"不愤不启，不悱不发。举一隅不以三隅反，则不复也"[1]，意思是说，"不到他努力想弄明白而却怎么也弄不明白时不要去开导他，不到他心里明白却不能完全表达出来时不要去启发他。如果告诉他四方形物体的一个角，他不能由此推出另外三个角，就不再教他更多更深的知识"。

宋代的朱熹在其《论语集注》中将其解释为："愤者，心求通而未得之

---

[1] 赵吉惠，郭厚安. 中国儒学辞典 [S]. 沈阳：辽宁人民出版社，1988：601.

意；悱者，口欲言而未能之貌。启，谓开其意；发，谓达其辞。物之有四隅者，举一可知其三；反者，还以相证之义；复，再告也。"这里的"愤"指出了百思不得其解的心理状态；"悱"指出了心里明白却又无法用语言表达的心理困境；"启"是指教师给予必要的指导，帮助学生开启思路，解除疑惑；"发"是指帮助学生弄清思路、体会本质，然后用比较准确的语言表达出来。

由此可见，启发的时机是"愤""悱"之时，即学生达到思维激活、情感亢奋的心理状态；启发的核心是开启学生的思维、点拨学生的思路，使学生经过思考获得知识结论，从而达到举一反三的教学目的。

"愤""悱""启""发"体现了认知与非认知的统一，教师主导与学生主体的统一。从认知的角度分析，"愤"侧重于思维过程，"悱"侧重于语言表达，"愤悱"表明了学生对学习内容的理解与表达存在疑惑；但从非认知的角度，"愤""悱"也可理解为求知欲、学习动机等非认知的心理活动，因此"愤悱"体现了认知与非认知的统一，具有双重意义。而"启"则主要指教师开启思路，引导学生，给学生点拨思路；"发"则侧重于学生对知识的理解、阐述和表达，是教师引导下的学生语言表达，而不是代替学生表达。"启发"既体现了教师的主导作用，又表明了学生的主体地位。

二、启发式教学

作为近代教学法中的两种教学模式——"启发式教学""注入式教学"[1]，启发式教学，强调的是"教"与"学"的双向沟通，"学"与"学"的多向沟通，使学生不仅"学"，而且会"问"，增强学生的求知兴趣和参与意识。

启发式教学，可以活跃课堂，增加老师与学生之间的互动能力，不仅便于学生学习课堂知识，还有利于老师了解学生的资质，真正做到因材施教，同时还大大地提高了学生的学习效率。

教师在进行启发式教学的时候，可以激发学生的学习兴趣，使学生对知

---

① 陈桂生."启发式教学"考辨［J］.上海高教研究，1995（03）：59－60.

识产生兴趣，有利于学习成绩的提高；同时通过启发式教学可以发散学生的思维，有利于思维能力和逻辑能力的培养与学习。为此，在实施启发式教学的过程中，教师要注意以下几个方面的要求[①]：①贯彻启发式教学的前提——师生双方要有高涨的热情。课堂教学中，师生双方都是教学活动的主体，教师需要积极地开展教学活动，学生要积极地配合教师完成学习活动；②贯彻启发式教学要与学生的年龄特征相宜。随着学生年龄的增长，自我意识不断加强，尤其是进入青春期后，更倾向于思考，不愿与他人分享交流观点，课堂上常常出现"沉默"局面，教师应判断学生的思维状况，以适时地实施启发式教学；③贯彻启发式教学的关键——问题的设计与学生思维的激活。启发式教学通常表现为教师提出问题，学生回答和思考问题。因此，一个良好的教学问题是关键，教师在设计问题时不仅需要结合教学的重难点，还要符合学生的"最近发展区"；④贯彻启发式教学的重要条件——充分发扬民主精神。教师和学生在教学活动中，相互尊重、相互信任、相互配合和相互促进，共同完成教学任务。

三、启发式教学模式

现代启发式教学模式不是时代的产物，而是教育实践发展过程中的基本教育模式。简单地说，启发式教学不是教师直接把现成的知识传授给学生，而是引导学生独立地去发现相应结果的教学模式。即教师在教学过程中根据教学目的、教学内容、学生的知识水平和知识规律，运用各种教学手段采用启发诱导办法传授知识，培养学生的能力，使学生积极主动地学习，以促进身心发展。它重视的是教学活动中学生的认识过程和思维模式，它重视学生的学习方法和思维方法的训练，充分发挥和调动学生的兴趣和学习的积极性、主动性、创造性，开发学生的智力，培养学生分析问题、解决问题的能力。如图 1-6-1 所示，启发式教学模式表现为提出问题、自主探究、适时点拨、

---

① 张忠华，周阳. 对启发式教学几个问题的探索 [J]. 教育导刊，2009 (02)：50-52.

释疑激创、得出结论的结构。

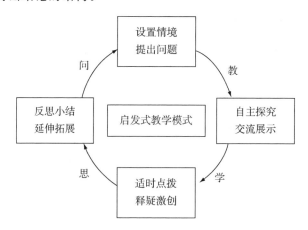

图 1-6-1 启发式教学模式图

四、启发式教学的误区

1. 问答法就是启发式教学	过于简单的问答方式，或者是死板的满堂问，是缺少价值的低效做法。因为这样的问答方式并不具有启发意义，所以不能促进学生思维和学习能力的发展
2. 借助多媒体就是启发式教学	如果教师将书本的内容原封未动地转移到多媒体上，然后将教材内容在大屏幕上直接显示出来，学生通过观看大屏幕，平铺直叙地往下念，没有创设情境，也不采取措施激发学生思考，实际上就是换汤不换药。启发式教学倡导教师善于激发学生的学习兴趣，因此有些老师为了吸引学生，把多媒体课件做得花团锦簇，只注重表面的繁荣，却忽视了认知的规律与本质，结果反而分散学生的注意力，降低课堂教学的效率
3. 形式主义的无意义启发	指教师在课堂教学中，在比较简单的、学生早已知道的问题处启发学生，从而使启发式教学流于形式，达不到启发学生的目的

续 表

4. 讲授法等同于启发式教学	讲授法是不是启发式教学，关键在于教师怎么去运用。如果教师能够关注每一名学生，因材施教，在学生学习过程中逐步启发学生采取独立思考、积极探索、合作交流的方式获得知识，这种讲授法也是启发式的
5. 面向部分学生的启发式教学	启发式教学是要面对所有的学生，但是不可避免的是有些教师眼中只有学生的分数，区别对待学生，给学生分等，只要成绩好就一切都好。特别的关爱只送给"特别优秀"的学生，使潜能生认为自己受到了歧视，从而导致启发式教学存在片面性，影响课堂教学的整体推进
6. 教师自导自演的启发式教学	在课堂上，教师好像是无所不能的，运用的教学手段让人眼花缭乱，整个课堂气氛显得特别热闹，但由于教师不注重学生的信息反馈，学生只是变成了看热闹的旁观者，能力并没有得到培养
7. 以结果为目标的启发式教学	就是在教育教学过程中，当在讲解一道题时，教师事先已经有了正确答案，当学生在思考过程中还没能想出解题思路时，教师就想方设法把早已知道的解题方法一步步地告诉学生，而不是通过提问的方式，循循善诱地启发学生进行思考，相互交流、讨论，逐渐地接近最后的结果。但是这种以结果为目的的启发实际上是单一的，没有真正地激活学生的高阶思维，学生都是在教师的指挥棒下回答问题的，缺少深度的独立的思考过程。学生没有真正以主体的身份参与到课堂活动中，结果学生还是没有摆脱对老师的依赖，再遇到困难时，如果没有老师的引导，学生就又不会思考了，所以这种启发只是象征性的，并没有达到培养学生的目的
8. "授之以鱼"与"授之以渔"的启发式教学	启发应贯串在整个教学过程以及学生学习过程之中。启发式教学是授之以渔，引导学生学会思考的方法，乐于思考、敢于思考并表达。例如：学生的作业应该是分层次的、丰富多彩的、形式多变的，这样可以满足不同层次学生的学习需要，不仅让学生能够动脑思考问题，还可以培养学生动手操作的实践能力。勤学善思是教育的真正目的

五、教学策略的几点思考

(一)以导抑牵,让启发式教学开启思维

当下,很多教师非常重视导学的教学策略,启发式教学已经成为课堂教学中的核心基础所在。但在整个导学过程中,教师却在无意识状态下留下了牵制的痕迹,影响了学生思维能力的发展,制约了课堂教学效益的提升。这主要表现在两个极端走向:

一是教师放心不下,舍不得完全放手,课程教学呈现师生之间单调的对话模式。单一的线状联系,将学生的思维牢牢束缚在固定框架中,限制了学生思维的发散以及创造性的发挥。

二是教师只注重知识的传授,而非方法的给予,不教学生点金之术。有的教师在课堂中一味地强调突出学生的自主意识,而忽视了教师作为课堂教学的主导作用,学生思维信马由缰,教师却毫不作为。这种状态貌似尊重学生的思维自由,是启发式教学的初衷体现,但学生毫无根据地胡乱猜想,不仅不能提升课堂教学的效果,反而会养成学生胡思乱想的思维陋习,是违背启发式教学的伪启发教学。

针对这种极端现象,教师应该采取大导小启的教学策略,在遵循教材编排体系和学生学习实际情况的前提下,让整个教学沿着通过解读教材思路演变为教师思路、通过启发引导形成学生的个人思路的方向进行。例如,在"长度、面积单位的整理与复习"课的上课伊始,教师用多媒体向同学们展示了一段"小马虎"的日记:

> 20××年　　×月×日　　　　　　　天气：晴　　心情：愉快
>
> 　　早上，小马虎从 2 分米长的床上爬起来，穿好衣服，便拿起 17 米长的牙刷，挤出 1 立方分米的牙膏开始刷牙，不知不觉中已经过了 20 小时，接着又喝了 250 升牛奶，又吃了 200 千克面包和一根 3 米长的油条，然后背起书包，走了 300 千米的路程，来到了 56 平方分米的教室。

　　读小马虎的日记时，教室里笑声一片。教师一脸"正经"地问学生笑什么，并请学生认真地评价小马虎的日记，改正其中的错误，同时说明修改的理由。

　　教师通过这样一个诙谐的故事，为学生营造了探究问题的情境，创设了轻松、愉悦、民主的学习气氛，激发了学生探究的主动性，进入了积极的学习状态。故事情境本身启发了学生的思维，从而起到了引导思维方向的作用，并指明了问题探究的方向，这样设计非常好。

　　（二）启试结合，让启发式教学激发潜能

　　教学活动必须充分激发学生的内在潜能，积极发挥学生的积极性和主动性，引领学生朝着知识点的思维深处迈进，通过自身的活动以求得教师的充分发展。教师应该努力尝试为学生营造宽松民主的文化氛围，让学生丢开包袱，抛开压力，鼓励学生按照自己的思维逻辑尝试自主地发现问题并解决问题。这样的尝试过程，实际上就是在教师主导作用下学生主体地位的真正落实。例如，教学小数性质时，老师可以让学生根据不同情况把"1，10，100"用等号连起来。开始学生感到奇怪，这怎么可能呢？接着小手举起来了，有的说："只要在 1 的后面加 2 个 0，10 的后面加一个 0，就相等了。"有的说：

"在 1 的后面加'米'，10 的后面加上'分米'，100 的后面加上'厘米'，三个数就相等了。"经过一段时间思考后，有的学生就提出："只要在 10 和 100 的'1'后面加上小数点，这三个数就相等了。"这样，小数性质的讨论就自然而然地展开了。不同的学生利用各种不同的方法尝试解决同样的问题。在这样的学习过程中，学生才能真正成为主人，启发式教学才真正拥有了自己的用武之地。

（三）扣准设巧，让启发式教学攻坚克难

启发式教学的核心之处在于教师的引导启发必须要在教学知识点的重要地方着力，点在核心处，引在模糊处，这样学生才能在教师的启发下"柳暗花明又一村"，起到历练思维、提升能力的作用。

首先，要精准。数学知识自成体系，新旧知识彼此之间存在着必然的逻辑联系。在教学中，教师要在新旧知识之间寻求出一条便利通道，在复习中提炼教学新知识需要的知识储备，在新授中精心设计启发点，扣准新授知识的关键，为学生从旧知向新知迈进奠定基础。不仅如此，教师还应该在解读教材时关注新旧知识之间的发展联系，从而更有效、更优化地设计出有步骤、有计划、有层次的启发练习，通过教师这样有意识的引导，学生在启发式教学中自主运用自身能力与原有的知识储备，习得新知识，提升新能力。教师在学生自主学习形成重新认知的基础上，引导学生将新知与旧知进行必要的整合和罗列，使其成为一体，实现自我知识体系的再次更新，重新布局知识体系结构。如图 1-6-2 所示，在小学数学总复习平面图形的面积时，圆形、三角形、梯形、正方形和长方形先用多媒体动画进行展示，让学生能快速了解平面图形面积之间存在的联系，最后总结各个平面图形的面积之间的联系。

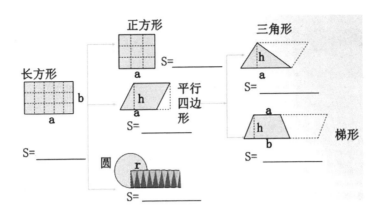

图 1-6-2　平面图形的面积

　　其次，要巧妙。巧妙就是要在教师"四两拨千斤"般的太极指导下轻松地完成学习任务，习得知识，形成认知，获得成功的体验，而非在机械地生搬硬套中利用题海战术强行逼迫学生进行学习。这就要求教师要对教材的编排体系有足够清醒而深刻的解读，要对学生原有的知识储备和学习能力有足够深入的了解，才能探寻出一条最佳的适切路径，帮助学生完成学习任务。例如，在教学"一亿有多大"一课时，学生对于"亿"这个相对模糊而空泛的概念认知并不清楚，但作为四年级的学生，他们对于数学已经有了一定的认知，而非一张空白的纸片。所以，教师完全可以利用学生已经拥有的数学体验和知识储备实现对于"亿"这个数学概念的清晰认知。教学中，教师可以利用本单元中"称一称、数一数、排一排"等已经形成的能力和方法来引导学生从不同侧面感知"亿"的概念。例如，以学生知道的"一米"有多长，引导学生认知一亿米的长度，一亿张纸需要多少棵大树的资源。通过课堂延伸，勾连起数学与生活之间的联系，链接起教材知识与学生生活实践的通道，帮助学生利用实际生活建立起清晰的数学概念。

　　总之，启发式教学是课堂教学的保证，是充分激活学生数学思维的重要策略，是确保学生进行数学学习的重要方式。

样例展示

青岛版五四制小学数学四年级下册第一单元
"方程的意义"教学设计

教学重点：理解和掌握方程的意义。

教学难点：弄清方程和等式的异同。

教学流程图：

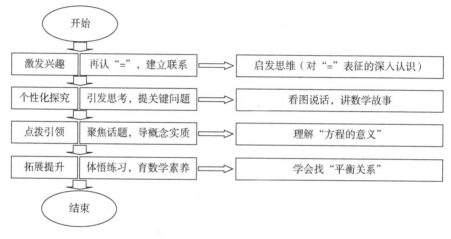

教学过程：

一、建立关系，埋新知伏笔

师：同学们，在我们做数学题的时候，总离不开一个数学符号，例如，"3×4＝12"这个算式里，等号表示什么意思？

生：表示3和4的乘积是12。

师：是的，等号可以表示运算的结果是多少。如果我把算式写成"3×4＝2×6"，那么这个等号又表示什么呢？

生：表示3×4和2×6的得数相同。

师：就是表示3×4和2×6的得数相等。老师把"相等"这两个字写在黑板上，这里的"相""等"各是什么意思呢？

生：我认为"相"是互相、"等"是等于的意思。

师：也就是说，等号的左右两边"互相等于"，是吗？这个等号跟刚刚的意思不同了，刚刚表示得数是多少，现在表示左边和右边是一种相等关系。为了更好地理解这个"相等"，我请大家把手伸出来，我们一起边做动作边说"左边等于右边，左边和右边相等"。

（学生跟着教师边说边做动作，"左边"——动一动左手，"右边"——动一动右手，"相等"——两只手同时抖一抖）

师：这样做是为了强调什么？

生：强调相等。

师：两个不同的算式让我们对于等号有了不同的理解。左边和右边相等，可能表示质量相同，也可能表示数量一致。

【设计意图】在讨论中启发思维，深化学生对"＝"的理解。建立方程概念之前，安排一个关于"等号"话题的讨论，是为了帮助学生实现一种转变，即以前等号表示计算的过程，而从认识方程开始，等号还可以表示一种关系，引导学生体会从过程性研究转变为结构性研究，体现思考问题着眼点的变化。教师要求学生以手臂、手指等身体动作表示相等，实现形象化描述与符号表征的必要互补。

二、引发思考，提关键问题

师：今天，我将跟同学们一起来认识方程，我认为每一个学数学的人从认识方程、学会列方程那一天开始，就对数学的理解上了一个新的台阶。所以，这节课在数学学习中是非常重要的，我相信大家都会很投入地参与其中。

师：来，看看今天我们的课题"方程"，你的脑海里出现了什么样的问题？你觉得这节课要研究关于方程的什么知识？

生：我认为今天会学方程的意义。

生：我希望老师教我们如何解方程。

生：我还希望老师教我们怎么列方程。

师：好，我们梳理一下，有人说这节课要学习方程的意义，有人说要学习解方程，有人说要学习列方程。这三个问题都是我们要学习的，这节课我们先重点研究什么是方程，以及怎么列方程。

师：在学习方程的时候，编写教材的老师特别编了一组连环画，我们来看——（课件同步出示连环画）

师：连环画就像电视剧一样，从上一集看到下一集，每一集之间都是有关联的。这部连环画一共有几集？

生：有四集。

师：你认为看完这四集会让我们明白什么呢？

生：会知道什么叫作方程。

师：对，我们要通过研究，弄清楚怎样把方程列出来，同时思考什么是方程。既然是有意思的"电视剧"，你们希望由我来讲还是你们自己看？

生：我们自己看。

师：带着问题自己去研究，一集一集地看。那么，你们看的时候我做什么好呢？

生：看着我们看。

师：好的，我就在你们身边，如果有问题随时叫我过来。下面的时间是你们的了，开始吧！（学生看连环画）

【设计意图】具有启发性和深度地数学课中的"看图说话"的出现，激起了学生探究的欲望，也让老师把课堂最大限度地交给了学生。教师将数学教材中的例题情境以连环画的形式展现在学生面前，让学生自己看连环画，用自己的语言来讲"连续剧"中的故事，激发学生有兴趣地研读和交流，并为接下来的深度对话——理解方程的意义做好了准备。

三、聚集话题，导概念实质

师：同学们，现在我们一起来讨论。你们觉得第一集讲的是什么？

生：第一集让我们看到了天平平衡。

师：平衡的现象让我们知道了什么？

生：让我们知道了杯子有多重。

师：那第二集呢？

生：往杯子里面加水了。

师：这时候杯子和水就比100克更重，至于水有多重，他们试了几次？

生：试了两次。

师：先添了一个100克的砝码，又添了一个100克的，直到试出结果，是吗？

生：是的。

师：大家通过自己的阅读和理解，大概知道连环画讲的是什么意思了。但我认为这样还不够，还要加深理解。我想请大家推荐几名同学来做小老师，到讲台上来和我一起讲连环画里发生的故事！（学生推荐三名同学上台）

师：你们三位是大家推荐上来的，讲故事的水平一定很高，我要增加一点儿难度。在讲第一集的时候要用到"平衡"这个词，第二集要用到"如果"，第三集要用到"式子"，第四集要用到"等式"，有没有困难？（没有）

师：既然是"电视剧"，请别忘了穿插过渡的语言。第一位就要开讲了，请大家掌声鼓励一下！

生：电视剧第一集开始了！小红跟小明在讨论一个问题：一个空杯子有多重？首先，小红把一个空杯子放在天平的左边，小明将一个重100克的砝码放了天平的右边，他们就得出结论：杯子重100克。这时候天平平衡了。

大家如果想知道加上水有多重，广告之后更加精彩。

师（评价）：在你刚刚的表达里，一连串的语言都是现场加工的，过渡也很自然，好厉害！我们再来讨论一下，小红往天平的左边放了什么？

生：放了一个空杯子。

师：然后小明在天平的右边放了什么？

生：放了一个重100克的砝码。

师：然后它们就一样重了吗？

生：天平平衡了，说明一样重。

师：没错，天平平衡意味着相等。现在要不要再加工一下，重新讲一遍？

生：观众朋友们，我给大家讲述的是第一集，小红和小明在测量一个空杯子有多重。小红首先把一个空杯子放在天平的一端，小明将一个重100克的砝码放在天平的另一端，这时天平平衡了，说明空杯子跟100克的砝码一样重。大家如果想知道一杯水有多重，广告之后更加精彩！（全班学生鼓掌）

师：祝贺你赢得了大家的掌声。还想说得再好一点儿吗？（想）我觉得有句话你说得比较轻描淡写，你说天平平衡了就说明杯子是100克，编书的老师是怎么写的？

生：正好平衡。

师：不是什么时候都平衡，"正好"重要不重要？（重要）

师：好吧，第二集！

生：第二集讲的是小红往空杯子里装满水后放在天平上，它就比100克重了，放100克砝码的一端翘了起来。小红问一杯水有多重。小明说：如果把水的质量看成 x 克，杯子和水共重多少克？为了解决这个问题，请看下一集！

师：请你稍等，如果水重 x 克，杯子和水就共重多少克？这个问题好像不是下集来解决的。

生：杯子和水就共重（100＋x）克。（教师板书）

师：然后可以说，这时候的天平是左边重，右边轻。不平衡了，怎么办呢？请看下一集。

生：第三集讲的是小红和小明继续往天平的另一端放砝码，他们放了一个重100克的砝码，现在变为200克了，这时还是左边重，右边轻，也就是说，装满水的杯子比200克还要重，由此可以列出一个式子"100＋x＞200"。然后，小明和小红又继续添加了一个重100克的砝码，这时水杯翘起来了，也就是说，装满水的杯子比300克砝码要轻，列出式子就是"100＋x＜300"。

师：我本以为他会说出这样的话：先加一个砝码得出一个不等式，再加一个砝码又得出一个不等式，我们忙了半天什么问题都没有解决。（众生笑）忙了半天，有用吗？

生：我认为是有用的，说明这杯水的重量比200克重，比300克轻。

师：太棒了，你们写出的式子很有价值！接下来轮到黄同学发言了。上集说到，这杯水的质量比200克重，比300克轻，显然我们已经不能再添砝码了，怎么办？

生：减砝码。

生：换砝码。

师：我们就换一换。我把一个100克的砝码……接下来怎么说？

生（齐）：换成一个50克的砝码试试，发现天平平衡了。

师：这时天平怎么样了？

生：平衡了。

师：声音还不够，要不要惊喜地喊出"这时天平平衡了"？（要）值得这么夸张吗？

生：值得。因为前面试过好几遍都没有成功，这次终于成功了，所以这一次要惊喜地喊出来。

师：编书的老师是很厉害的，刚刚那个地方讲"正好"，这里讲"平衡了"，还加了个感叹号，当然值得惊喜啦！当发现平衡的时候，就意味着 $100+x$ 等于多少？

生：等于250。

师：也就是说，我们找到了一个相等关系，一种平衡关系。

师：惊喜完了，接下来要说什么？

（师生齐说：像 $100+x=250$ 这样含有未知数的等式称为方程）

师：就这样，我们把方程列出来了，你们觉得应该给这部"电视剧"起个什么名字好呢？

生：我觉得这部"电视剧"应该叫作"天平的平衡"。

生：我觉得应该起"认识方程"。

师：都没有问题，大家都没有说偏。我们可不可以把这个电视剧的名字叫作"找平衡"？这几集我们忙来忙去不都是在"找平衡"吗？

生：就叫"找平衡列方程"吧！

师：我看行！所以，如果你要问我什么是方程，我愿意跟大家说，方程真正的意义其实就是"为了解决问题""找到一种平衡关系""写成的含有未知数的等式"。（板书）老师写了三句话，大家一起读一读！（生读略）

师：刚刚在第三集里说到的式子一个是"$100+x>200$"，还有一个是"$100+x<300$"，它们是方程吗？

生：不是。

师：数学上，我们把含有未知数的等式（指黑板上的等式 $100+x=250$）叫作方程，把这种含有未知数的不等式叫什么，你们知道吗？

生：不知道。

师：老师告诉大家，还叫不等式。（众生笑）

师：数学是不是有点"偏心"？你怎么看？

生：因为不等式里面没办法求出未知数，方程有办法求出未知数，所以有点偏心也正常。

师：多有趣的回答！好了，学到这里，同学们头脑里有方程了吗？假如要你说什么是方程，你会说哪句？

生：含有未知数的等式叫作方程。

师：跟旁边的同学说说。

（同桌互相说方程的定义）

师：如果这个时候，隔壁班来了一名同学，他没有学过方程，问你今天学什么了，你会怎么跟他讲？

生：今天我们学习了方程，方程就是为了解决问题，找到一种平衡关系，写成的含有未知数的等式。

师：你说得真完整！假如老师要把这几句话中的关键词圈一圈，你觉得可以圈什么？

生：我觉得可以圈"平衡"。理由是写方程要找到平衡关系。

生：我认为还可以圈"未知数"。

生：我觉得可以圈"等式"，因为如果没有写出等式，就不叫方程。

生：我觉得应该圈"解决问题"，因为方程就是为了解决问题。

······

师：你们说的我都圈了，现在知道方程是怎么一回事了吗？你认为列方程的关键是什么？

生：找平衡关系。

【设计意图】教师的引导启发落在了教学知识点的核心处。这个环节是在学生自学交流的基础上展开的，是本节课的核心环节。师生通过对连环画（四集"电视连续剧"）的生动讲解，使学生较充分地经历设未知数、发现不平衡、找平衡和列方程的探究过程，力求让学生在愉悦的氛围里和深刻的思考中体验方程从现实生活到数学的抽象过程。

四、体悟练习，育数学素养

师：现在老师给你们一幅图，能不能试着列出方程？就像刚才的第四集那样，把100、250和未知数都当作条件，从而找到一种平衡关系？

师：请看第一题。

（学生列方程：$x+50=200$，全班核对）

师：请大家看着自己列出的方程，认真地读一遍，这可是你这辈子列的第一个方程哟！第一个都列出来了，第二个还难吗？

（教师出示第二、三、四幅图，学生列式，全班核对）

师：刚才我们列了几个方程？

生：一共列了 4 个方程。

师：大家有没有想过，刚刚我们列的 4 个方程都有天平，并且天平左右两边是平衡的，假如我把天平藏起来，还能列吗？这时怎么找到平衡关系？看这道题！

生：因为 4 块月饼的质量是 380 克，我设一个月饼的质量为 x 克，所以方程是 $4x=380$。

师：在这道题中，哪一个字说明了天平平衡？

生："是"字。

师：抓住这个"是"字，咱们再来读读这道题，把相等关系读出来。

（略）

师：原来，没有天平有"是"也行。要是连"是"字也没有，也能找平衡关系吗？看下面这道题。同学们思考一下抓什么关键词好呢。

生：我们可以抓"刚好"这两个字。（学生列方程：$2x+200=2000$，全班核对）

师：再看这道题，按照以前的思路，我们通常会列出 $175-21=154$（厘米）。（板书）按今天列方程的思路，我们就得找出平衡关系，你觉得可以写出怎样的方程？

生：$x+21=175$。

师：既然用以前学过的思路就可以把问题解决，那么为什么还要学方程呢？请大家看一位同学在博客中的一篇文章。

师：读完这篇文章，你觉得这段话中哪个句子最重要？

生：把一个不知道的问题假设成未知数 x，思考问题时就多出了 x 这个信息。信息多了，解题的难度就小了。

师：妈妈说出了方程真正的意义和价值，要把妈妈的话留在脑海里。

师：同学们，假如现在下课了，我需要擦黑板，你觉得可以先擦掉哪些部分？

生：擦掉不等式。

生：再擦开始的两个式子。

……

师：如果只留下两个字，留下什么呢？

生：留下"找"和"写"。

师：对！今天列方程最重要的就是要会找平衡关系，接着就是写方程，显然"找"和"写"两个字特别重要。

（下课时，黑板上只留下"找"和"写"两个字）

【设计意图】延伸课外，将自主探究进行到底。教师设计的七道课堂练习题都是围绕主题"找平衡关系列方程"，重点突出，意在帮助学生不断强化理解，有效地建立概念。这组题目还力求体现层次性，从有天平平衡的情况下直观列方程，到把平衡关系藏起来列方程，由易到难，层层深入。博文的阅读和讨论，解决为什么要学习方程的问题，妈妈的话能给学生留下深刻的印象。擦黑板一般是下课后常做的事情，把这件事放在课堂上做，边讨论边有序地擦，能起到再次梳理和巩固的作用，最后留下的两个字是本节课的关键词，巧妙地突出了重点，相信学生对这些重点和要点能熟记在心。

【样例评析】

多媒体出示"数学课上的连环画"，吸引了学生的注意，激发了学生的学习兴趣。具有启发式的"看图说话"符合学生的年龄特征，生动有趣，引人思考，给学生接下来的探究提供了方向。整节课围绕"连环画"这个话题，学生在独立思考、自主创编故事的过程中完成了对"方程"概念的建构。

纵观这节课，教师在课堂教学中，没有按照以往常规教学的传统模式讲授知识，而是留给学生充足的思维空间和思考时间，给学生学习思考搭建"脚手架"，点燃学生学习兴趣点，好之不如乐之，这无疑在客观上培养了学生思维的独立性与创造性。

第二章
多媒体环境下的学情分析

开 篇 小 语

　　学情分析是教学活动的基本环节，也是教学研究的基本内容。"学情"指在日常教学中，有效影响教师教学和学生学习效果的学生因素[①]。学情分析不是只作为教学前的一个独立环节，而应囊括教学前、中、后三个阶段，贯串整个教学流程[②]。因此，学情分析可以概括为教师在课前教学准备、课中教学实施和课后教学反思三个阶段，对有效影响教师教学和学生学习效果的学生因素进行分析。

　　做好学情分析是教师必备的基本功[③]。教师进行学情分析时，可以从以下五个方面入手：学习经验、知识储备、学习能力、学习风格、学习条件，即教师在教学时应从学生已有的经验出发，了解学生现有的知识水平，关注学生学习能力差异及独特的学习风格，确定适合学生能力的教学内容，根据学生情况调整教学风格，并创造良好的"教"与"学"的条件，为整个教学过程提供帮助。

---

①　汤杰. 中职专业课教师学情分析研究 [D]. 上海：华东师范大学，2020.

②　时晓玲. 学情分析的误区及其对策研究 [J]. 教师教育研究，2013，25（02）：67—71.

③　邵燕楠，黄燕宁. 学情分析：教学研究的重要生长点 [J]. 中国教育学刊，2013（02）：60—63.

技术支持下的学情分析

案例启思

王老师在进行教学设计时，习惯用下发学前"自测卡"的方式，对学生进行学情调查，从而了解学生对基础知识的掌握情况。可是，最近王老师发现学生们常有不提交自测卡的现象，导致他不能及时、精准地统计学情。为此，王老师做了一个记录表，详细记录了学生自测任务提交及完成情况。通过统计，发现有21.6％的学生多次不及时提交自测卡。于是，王老师找到这些同学询问原因。针对多数同学反映的"弄丢了""忘在家里了"等情况，王老师便重新印发给他们。慢慢地，王老师所任教的班级里不按时交自测卡的学生越来越多，出现了反馈速度慢、统计效率低、检查不及时、学情分析不精准的问题。

问题剖析

上述案例中，王老师在进行教学设计时下发学前"自测卡"的学情分析属于课前教学准备范畴，学情分析的时机选择恰当，符合奥苏贝尔提出的新知识是通过与"起锚点"作用的原有知识进行相互作用而获得的这个观点。但是，王老师在实施的过程中，却没有收到预期效果。分析原因，可以概括为以下三点：

一、传统的学情分析工具导致统计学情不精准

王老师进行课前学情分析时，带着"集体教"的教学设计，为学生下发了统一的"自测卡"，了解学生现有的知识水平，帮助学生更好地理解教学内

容，以便在教学时从学生已有的经验出发，设计符合学生的认知水平的教学活动，目的比较明确。但是王老师的这种自测卡的形式只是注重了学生群体的共性分析，淡化了班级学生个体差异的分析，这会导致大部分分析没有针对性，还会使教学设计和课堂教学缺少实际的指导和借鉴意义，以致学情分析显得笼统、片面、形式，根本无法反映出学生的真实学情。

二、"自测卡"内容单一导致学情分析不全面

自测卡就是在教师教学之前对学生进行的一个测试，以便从学情中及时发现问题。但是王老师下发的自测卡内容过于单一，在设计中只进行了"了解学生对基础知识的掌握情况"这样单一维度的知识学习预设，只关注了学生的已有知识基础，并没有关注学生全面的核心素养，缺少学习风格、学习条件等多维度的思考。王老师未能有针对性地、全面地进行学情分析，使课前学情分析停留在粗浅的、经验判断的层面，缺少对学生个体差异的观照，时间长了，这种缺乏与教学内容相联系的学习起点的分析，就会使课前自测失去意义。

三、重新印发"自测卡"，导致学情统计不及时

王老师重新印发自测卡，导致学情分析与教学脱节。即使有简洁的概括式的分析，也缺乏有力的证据支持，从而造成学情分析只是课前准备的独立环节，与整个课堂教学脱节，陷入了说起来重要但做起来并不重要的尴尬局面。而且长久应用自测卡的形式，也会让学生觉得枯燥无味，觉得是在增加学习负担，完成额外作业，必然导致被动应付，失去学习的主动性和趣味性。

解决策略

一、学情分析的内涵与内容

目前学术界对于"学情分析"尚无一致定义，笼统地说，学情分析就是

在"课前""课中""课后"对学生情况的了解，使教师的"教"促进学生的学[①]。那么，学情分析的内容也就围绕着影响学生学习的各种因素而展开，主要包括智力因素和非智力因素[②]。其中，"智力因素"主要包括认知和知识，认知帮助人们感知世界，分析问题、解决问题；知识则是新知识建立的"接点"；"非智力因素"主要包括动机兴趣、心理状况、学习内容、学生差异性、课堂生成等因素。

二、学情分析的三个阶段

（一）课前学情分析

在走进课堂前，学生已经在以往的学习、生活和交往中形成了对某些知识的了解和对各种现象的理解和看法，形成了具有自身特点的情感态度和价值观，并且能够利用现有知识和经验进行推论和判断[③]，为此教学设计需要考虑学生的实际情况[④]。课前学情分析主要从以下三个方面入手：①分析学生的已有知识和经验；②分析学生的学习兴趣；③分析学生的学习策略。

（二）课中学情分析

课堂是动态生成的过程，教师需要根据学生的动态变化，及时调整教学行为，为此课中的学情分析同样重要，主要从两个方面入手：①分析学生的课堂进入状态，具体又包括学生心理状态和学习用品的准备两点，前者分析学生是否已经转换到即将准备上课学习的心理状态，后者分析学生是否已经准备好上课需要用的学习工具；②分析学生的课堂表现状态，例如，学生是否开小差、积极思考等。

---

① 邵燕楠，黄燕宁. 学情分析：教学研究的重要生长点 [J]. 中国教育学刊，2013（02）：60－63.

② 陈瑶. 学情分析研究综述 [J]. 当代教育理论与实践，2014，6（06）：21－23.

③ 叶澜. 重建课堂教学过程观："新基础教育"课堂教学改革的理论与实践探究之二 [J]. 教育研究，2002（10）：24－30.

④ 李伟胜. 学科教学知识（PCK）的核心因素及其对教师教育的启示 [J]. 教师教育研究，2009，21（02）：33－38.

（三）课后学情分析

课后学情分析主要是分析学生对教学目标的实现程度，具体展开与教学目标维度相对应，即知识与技能、过程与方法、情感态度与价值观三个方面。

三、学情分析策略

多媒体环境下的教学就是根据教学目标和教学对象的特点，通过教学设计，合理选择和运用现代教学媒体，与传统教学手段有机组合，共同参与教学全过程，以多种媒体信息作用于学生，形成合理的教学过程结构，收到最优的教学效果。

经过对王老师课前阶段学情分析存在问题的深度剖析，结合多媒体教学环境"集体教"的特点，为王老师出现的"课前分析反馈速度慢，统计效率低，检查不及时，学情分析不精准的问题"提供如下解决策略。

（一）合理利用技术，从"单一重复"向"多元应用"转变

案例中，王老师在教学设计时，用下发学前"自测卡"的方式进行学情分析的设计很好。但是，王老师学情分析的方法单一，导致学情分析的教育功能与研究价值未能得到有效的发挥。建议教师根据教学需要，借助技术支持，合理利用问卷星、微信群、QQ群、UMU互动学习平台等即时沟通工具自主设计问卷，并组织学生及时填写问卷，对全班学生的学习经验、知识储备、学习能力、学习风格、学习条件等各个方面进行调查，从而更加广泛和深入地了解学情信息。

需要说明的是，有关开展课前学情分析的方法多种多样，需要教师在方法的选择上紧扣教学内容，不必追求方法的泛化，而是要让所选择的方法真正地解决教学中的问题，提高教学效率，让学生达成教学目标。当然，这是一个长期反复不断实验总结的过程，绝非一朝一夕就可以熟练利用，教师可以依据自身的教学风格和教学经验在实际教学中的需要，选择符合自己专业发展的方法。

（二）关注学生主体，从关注"共性特征"到兼顾"个体差异"

学情分析是一个系统、持续循环的过程，决定了学情分析的差异性、稳定性、多样性、系统性和实践性等特点。课前阶段的学情分析，可以通过学习阶段相关的知识、技能试题对学生进行测试，依据测试结果直观地了解学生先前的知识、技能、思想和经验，便于教师设定符合学生学情的教学目标和合理构思相应的教学设计。教师首先要把握学科课程的整体教育目标要求，再对具体教学内容进行分析，精准把握教学内容的教育价值，以学生发展的核心素养和学科核心素养为统领，提炼教学内容的核心概念和学科思维方法。

不同的学生因为个人认知水平的不同，学习能力也有所差异，同一学习内容对有的学生只需要教师简单地点拨即可明了，但对有的学生花费了双倍甚至更多的辅导时间仍然难以理解。因此教师既需要关注对整体学生的分析，又要关注学生的差异性。

为了准确掌握学生在课前的具体知识储备、学习情况等数据，教师可以设计两项课前学情分析活动，一起带着学生走向知识的建构与学习。一是基于教材进行课前预习，利用问卷星对基础知识进行检测。王老师在制作测试卡的过程中，可以出几道题，检验学生对教材基本内容的预习掌握情况；还可以对学生感兴趣的话题开展小调查、对学生喜欢的知识梳理方式进行调查，以了解学生喜欢的知识梳理方式。二是要求学生对感兴趣的话题进行拓展学习，搜集资料并进行整理，上传至微信小打卡，进行交流展示。完成此项小打卡任务的目的在于拓展学生的学习时空，分享学生的学习智慧。

（三）多元形式反馈，从注重"课前分析"到兼顾"课后分析"

教师指导学生对感兴趣的内容进行课外拓展学习，通过网络、书籍等收集整理学到的知识，以图片、文字、视频、自制微课等自己喜欢的形式，通过 QQ、微信、微信班级小打卡等方式分享，学生之间可以相互学习借鉴。教师对学生的课前学习情况进行查看、评价和反馈，锁定最优的学习成果，在课堂教学的"放手"环节进行集中展示，保障在有限的课堂教学时间内交流分享最优成果，获得最大的教学效益。同时，教师要关注教学之后的学情分析。课后学情分析是对课前、课中、课后的一个全面总结分析。教师可以知晓教学达成的效果，促进教后反思，并为后继教学的预设与调整提供重要参考指标。课后的学情分析，主要是分析学生最终学到了什么，教师的教学目标是否完成，教学设计是否还有可以改进的空间，学生对这节课的评价到底如何，等等。开展课后学情分析的方法主要有后测法、学生访谈、作业分析、建立回馈单、历程档案、学习单、课后学习质量分析会、学生学情分析座谈会等。

样例展示

教师借助信息技术手段，进行多个方面分析学情时，要关注两个问题，即："应用信息技术可以了解哪些学情?""呈现学情分析结果时需要注意哪些问题?"下面，我们以永吉县第十中学杨金平老师的《希腊罗马的古典文化》教学设计为参考，明晰借助信息技术手段解决教学问题的方法。具体分析流程如下：

样例：借助平台互动工具，提升学情分析能力

因为课时少，内容多，而且本课内容又是欧洲古代文明的表现，对于学生今后了解东西方文化差异，进一步提升文化素养非常重要。因此，杨老师有效利用课外时间，通过信息技术手段设计了两项课前学习活动，并根据课前学习结果进行学情分析，设计教学策略，实现了教学效果最大化。具体设计如下：

1. 学情分析的目的

学情分析是教学目标设定的基础，没有学情分析的教学目标往往是空中楼阁；只有真正了解学生的已有知识经验和心理认知特点，才能确定其在不同领域、不同学科和不同学习活动中的最近发展区，而从知识技能和能力等方面来阐述最近发展区就是教学目标。学情分析也是教学内容分析的依据，

没有学情分析，教学内容分析往往是一盘散沙，因为只有针对具体学生才能界定教学内容的重难点和关键点。

本案例，从学生的学习经验、知识储备、学习能力、学习风格，以及所具备的学习条件等方面，分析不同学生对希腊罗马文化的了解情况，也是对学生预习情况的一个检验，为课上教学难点的落实做好铺垫。

2. 教学主题

本课例是历史学科九年级上册的一节文化课，教学主题是"希腊罗马的古典文化"。教学目标是结合教材，通过自主学习，初步认识希腊罗马古典文化在文学、雕塑、建筑、哲学、法学、历法等方面取得的重大成就；通过分析材料、观看视频、图片等，感受古典文化的魅力，继承探究科学真理的精神；引导学生感悟人类文化的多元性、开放性、传承性、共容性等特点，理解各民族创造的文明成就是人类的共同财富，从而培养学生理解、尊敬、吸收其他民族文化精华的开放心态。

3. 教学对象

九年级学生正处于对世界充满好奇，喜欢自主阅读和对事物有独立思考和独到见解的发展时期。学生利用教材进行课前预习，利用网络、书籍等进行扩展学习，应当成为学生的一种自主学习能力。创设机会为学生积极营造知识分享的环境，也是实现学生思维碰撞、智慧成长的一种学习途径。

4. 教学重点

初步认识希腊罗马的文化成就，感悟理解文化的多元性、开放性、传承性等特点。

5. 学习难点

这节课重在为学生埋下兴趣的种子，让这些文化在学生心中生根、发芽。而"立法成就""法学成就"是学生难于理解的内容，因此理解各民族创造的文明成就是人类的共同财富，从而培养学生理解、尊敬、吸收其他民族文化精华的开放心态便成为本课的难点。

6. 工具与方法

为了解学生的已有知识基础，教师在新课讲授前组织学生基于教材进行课前预习活动，运用在线问卷工具——问卷星设计调查问卷。通过 QQ 群、微信等即时沟通工具组织学生填写问卷，快速收集和分析学生信息，有效了解学情，从而改进教学设计。

教师在课前给学生提前留了预习作业，并利用问卷星对基础知识进行检测，然后对学生感兴趣的话题和喜欢的知识总结方式开展了一个小调查。并要求学生对感兴趣的问题进行拓展学习，搜集资料并进行整理，上传至班级微信小打卡，进行课堂展示。依据学情分析确定教学策略，根据小打卡情况确定学生展示内容，根据问卷星统计的学情开展精准教学。

7. 结果分析

通过问卷星显示的调查结果可以看出，对于本节课的知识问题，出现的问题不大。"怎样理解'吾爱吾师，吾更爱真理'这句话？""法学是罗马最突出的成就之一，罗马法学系统由哪几部分组成？"这两个问题的错误率较高，因此，提示学生通过这节课的学习注意，课上对这两个问题再详细地加以讲解。

对于同学们感兴趣的问题搜集材料上传情况的总结，传至微信班级小打卡。因为学生在校没有终端，所以他们回到家里完成这项作业，通过班级微信群，进行主题展示。有的同学展示的是文字资料，有的同学展示的是图片资料，有的同学展示的是视频资料，完成率达到 95.7%。课堂上，从同学们上传的资料当中选取了 4 名同学集中展示。其中，王浩然同学根据希腊传说和神话传说制作的微课展示，成为"小老师"角色扮演的范例，同时，启发其他同学利用信息技术来学习知识，解决问题。在动动手环节，结合问卷星填写的选项，指导学生选择思维导图、知识树、表格整理、知识结构图等方式对本节内容进行总结，这样既培养了学生利用信息技术解决学习上的问题的能力，又教会了学生用一些特殊的学习历史的方法来对知识进行总结。

【样例评析】

样例中，杨老师根据教学需要，借助信息技术支持，通过问卷星对学生进行学习阶段相关的知识、技能测试，依据测试结果直观地了解学生先前的知识、技能、思想和经验。这一做法，大大缩短了了解学生基本情况所花费的时间，有利于教师尽快把握学生动态和制订合适的教学计划。

一是做到了"以学定教"。案例中，杨老师在课前进行学情分析，为教学活动的预设及其生成提供了基本依据，并为课上教学活动指明了方向，确保了教学目标定位在学生的最近发展区；确保了教学重点、难点的精准预设；确保了教学策略选择与教学活动设计的精准匹配。

二是做到了"因学施教"。杨老师通过对学生课前学习情况的分析，为课堂教学提供及时反馈，教师根据学情分析的结果对教学过程做相应的调整，做到了教学为契合学生的学习需要，尊重并利用学生学习差异，随着学生学情变化而调整。

三是做到了"由学研教"。学生是教学的重要资源，杨老师科学的学情分析过程以及丰富的学情分析成果，在"研教"的过程中，为教学理论和学习理论的生成提供了丰富的素材与有益启发[①]。

四是做到了"依学评教"。杨老师有效的学情分析，作为教学评价的重要依据，是对学生学习的发展性评价，为合理评价教学效能提供了更为客观的判断基准。

工具索引

上面的案例中，杨老师为使教学更切合学生的学习需求，在了解学情时，利用了问卷星、班级微信小打卡等即时沟通工具，对学生的学情进行调查。此外，我们还可以用其他在线问卷调查工具或在线测试工具，对学生的学情

---

① 马文杰，鲍建生."学情分析"：功能、内容和方法［J］.教育科学研究，2013（09）：52—57.

进行调查。常用的问卷调查工具除问卷星外，还有腾讯文档、简道云、小黑板、UMU 互动学习平台等。下面简要介绍这几种常见的问卷工具，教师在教学时可根据实际需要进行选择。

1. 问卷星

问卷星（https：//www. wjx. cn）有很强大的统计功能，是国内最常用的一款在线调查工具，它分为网页端和手机 App 端。除了可以进行简单或复杂的问卷调查以外，问卷星还可以设计在线考试。通过考试，教师能够更好地了解学生的知识掌握情况。问卷星的题型类型丰富，教师借助其功能可以设计选择题（单选、多选）、填空题、判断题、简答题等。同时，问卷星还可以实现高级题型设置，如排序、比重、多级下拉列表、滑动条等，为教师进行学情分析提供便利。问卷星可以在收集数据后，对数据进行统计分析，也就是运用数学方式建立数学模型，对通过调查获取的数据及资料进行数理统计和分析，形成定量的结论。

问卷星的分享方式很多，教师可以用 QQ、微信或网页链接的形式发送问卷，发送的问卷可以是二维码形式，也可以制作成海报形式，制作的方法很简单。学生可以在手机、平板端或电脑端方便快捷地完成问卷。学生完成问卷以后，问卷星可以自动分析回收的答卷，生成直观图表，教师可以从这些直观的图表中更好地掌握学生的学情。

问卷星使用方法如下：

（1）打开问卷星。用 QQ 或微信扫描注册。

（2）设置通用设置类型。

（3）选择问卷的录入方式，可选择文本导入。

（4）设置考生基本信息，此处建议选择基本信息，然后修改学号和班级。

（5）单项选择和多项选择考试的设计。

（6）下载试卷二维码，学生可以通过扫描二维码的方式进行答题，也可采用链接方式进行答题。

（7）成绩统计，回到设计的试卷，可以及时查阅学生提交的分数，并对未提交的学生进行监督（结果可导出为 Excel 表格）。

2．腾讯文档

腾讯文档是一款可多人同时编辑的在线文档，支持在线 Word/Excel/PPT/PDF/等多种类型。可以在电脑端（PC 客户端、腾讯文档网页版）、移动端（腾讯文档 App、腾讯文档微信、QQ 小程序）、iPad 等多类型设备上随时随地查看和修改文档。打开网页就能查看和编辑，云端实时保存，权限安全可控。

腾讯文档可实现在线编辑、快捷编辑等功能，编辑文档时内容实时云端保存，离线也可编辑，网络恢复后自动同步云端。有信息收集、打卡签到、考勤、会议纪要、日报、项目管理等各类模板。

腾讯文档可实现多人协作。支持多人同时在线编辑，可查看编辑记录；多类型设备皆可顺畅访问，随时随地轻松使用；生成链接或长图，分享给QQ、TIM、微信好友、微博及朋友圈，方便快捷。

3．UMU 互动学习平台

UMU 互动学习平台是一款综合性强的免费在线知识分享与传播的学习互动工具。它可以方便地进行问卷调查，并完成教师日常对学生学习情况的收集工作。UMU 提供的创新混合式互动学习方式，可以非常容易地制作 UMU 微课、视频课程、图文微课、文章微课、文档课等课程；可以进行问卷、提问、讨论、考试、签到、拍照上墙、抽奖、游戏、互动大屏幕等互动活动；可以做直播、创新学习社群。

UMU 课程可以根据需要自选添加小节，多个课程也可以搭建学习项目，便于系列课程的开展；课程支持多人协作，共同创建组织学习；自动记录课程参与情况与完成率并提供量化 Excel 的结果，通过手机与电脑均可实时查看、下载；学员可以针对每节课程做出评价与反馈，帮助老师有针对性地更新与升级；UMU 支持内容边界、指定学员学习、首页搭建等更多功能。

UMU 有电脑端、手机 App，还开设了微信小程序，非常便于教学应用。

4. 晓黑板

晓黑板的功能之一是可以非常方便地做调查，便于老师及时了解班级学生的学习状况。提高回收统计的效率，避免学生由于忘记而无法按时完成学习任务的情况。老师通过数据统计后的梳理，可以对学生的各方面情况有一个全面的动态掌握。

作为老师，利用小黑板可以创建自己的班级并邀请家长加入，可以随时发消息给家长，系统自动统计家长是否已经查看了消息。对于未查看的家长，老师可以免费一键提醒，确保消息及时传达给每个家长。老师还可以提前编辑好要发给家长的消息，系统定时发送，确保重要消息不被遗忘。

作为家长或学生，利用小黑板可以随时随地接收老师发布的消息，且消息不会被刷屏，不会错过老师的重要通知。

晓黑板的特色功能是可以做成长记录。老师和家长都可以在这里以图片、语音、文字、视频等形式记录孩子的成长瞬间，发现每一个孩子的进步。还可在成长记录中进行"综合素质记录"，为综合素质评价提供依据。

第三章
多媒体环境下的教学设计

开 篇 小 语

多媒体教学是指在教学过程中，根据教学目标和教学对象的特点，通过教学设计，合理选择和运用现代教学媒体，与传统教学手段有机组合，共同参与教学全过程，以多种媒体信息作用于学生，形成合理的教学过程结构，收到最优化的教学效果。

多媒体环境下的教学设计是以传统教学设计为基础的，应以教材为本，以学生为本，适合所教内容，适合学生的发展需求，除了具有一般教学设计的特征以外，更加注重教学媒体的选择和应用，更加注重学生的学习指导，更加注重分析媒体、资源在教师的教和学生的学中所起的作用，体现出多媒体的优越性，遵循教学媒体的应用原则，找准教学媒体使用的最佳时机，以收到最优化的教学效果。

第一节　数字教育资源获取与评价

案例启思

　　王老师在教学北师大版小学数学三年级上册《看日历》时，为达成"结合生活经验，在观察活动中认识年、月、日，发现简单规律，发展观察、判断和推理能力"这一教学目标，在上课前，王老师依据三年级学生已经初步掌握了时、分、秒的知识，但是缺乏清晰的认识及数学思考过程的学情，考虑到教学资源对于课堂的教学效果所产生的重要作用，在平年、闰年的常识介绍环节，花费了大量时间在百度中搜索相关知识的文字、图片、故事和视频。最后，王老师找了一张平年、闰年计算分析表的图片和一段关于平年、闰年知识的数学故事音频文件，精心制作了教学课件。课上，当王老师兴致勃勃地讲解平年、闰年计算分析表时，却出乎意料地看到了同学们木讷的表情，以及个别学生开小差的行为，甚至关于平年、闰年知识的生动的数学故事也没能引发学生的学习兴趣，最终导致本节课的教学没有收到预期的理想效果。

问题剖析

一、教师缺乏对数字教育资源应用的正确认识

　　上述案例中，王老师通过引用数字教育资源为课堂教学服务的设计很好，但是王老师对如何有效应用数字教育资源缺乏足够正确的认识。数字教育资源的认识是人们在搜集数字教育资源活动中产生的认识、观念和需求的总和，决定着人们捕捉、判断和利用资源的敏锐程度，包括对资源的敏感性、利用数字教育资源开展教学的意识、教育资源安全意识和数据意识，以及教育资

源质疑意识。具备教育资源应用意识，是提升教师信息素养的前提，是培养教师信息素养不可或缺的条件。案例中，王老师考虑到了数字教育资源对于课堂教学效果所产生的重要作用，于是找了一张平年、闰年计算分析表的图片和一段关于平年、闰年知识的数学故事音频文件，精心制作了教学课件。但是在教学中，一张图片和一段音频，没有体现数字教育资源的价值和重要性。同时，自身需求较低，对教育资源缺乏敏感性和开放性，造成数字教育资源应用覆盖面窄，没有充分调动学生的学习兴趣，这是主观上缺少认识。

二、教师缺乏对数字教育资源的获取能力

随着教育信息化的发展，教师和学生对教育教学资源的需求越来越迫切[①]：教师高质量的备课和再学习等都离不开丰富的教育教学资源；学生提高信息素养、提高研究和解决问题的能力、拓宽视野等，同样离不开教育资源。于是，提升对数字教育资源的获取能力，便成为教师面临的一大挑战。案例中的王老师对于网络教育资源的获取能力偏低，因此，花费了大量时间在百度中搜索与《看日历》教学内容相关的文字、图片、故事和视频，但最终只找到了一张图片和一段音频。从王老师的经历中可知，他对数字教育资源的敏感度不够，整合和利用资源教学的能力较低，不能利用中国知网、微信、百度文库等网络平台获取最新的优质教学资源。在教学中，王老师没有运用各种新媒介展示教学内容以吸引学生的注意力，没有及时调整信息化教学策略，使得他无法依据数据及时对学生个体进行诊断与分析，从而没有达到培养学生自主性、能动性和创造性的教育目标。

三、教师缺乏对数字教育资源的灵活运用

案例中，王老师借助数字教育资源进行教学，却没有收到预期教学效果的根本原因，是王老师在教学中虽然运用了多媒体教学手段，但仍然处在传

---

① 缪莹. 新媒体背景下教育出版企业数字资源管理平台建设 [J]. 新媒体研究，2020，6（21）：45－47.

统的课堂教学模式中。王老师采用的是"集体教"的形式，教学仅仅停留在教师演示、讲解，学生被动地接受、理解知识的"人灌＋机灌"的状态，学生欠缺主动学习的热情，无法发展学习的主体意识和主动精神，很难提高课堂教学效果。多媒体教学环境中，系统化、科学化分类的教学资源库，为师生提供了内容丰富的、优秀的教育教学资源。而王老师不具备将多种技术手段结合，在实际教育教学中灵活融汇信息知识的技能，无法通过开展形式多样的教育教学活动，提升教学效率。此外，王老师缺少拓展利用信息技术解决问题的思维与能力，不能形成在四元空间整合问题、资源、工具、活动和评价的能力，不能培养学生利用数字教育资源解决问题的思维和行为习惯。培养学生不断发现问题，有针对性地学习，以及完善自身对数字教育资源灵活运用的能力有待提升。

解决策略

一、数字教育资源

2002 年中国教育资源网 CEO 马德民提及"数字教育资源"一词，指出数字教育资源除了包括传统教育资源的数字化外，还包括教育教学活动中涉及的所有资源的数字化，以及像超文本等在内的新的数字化数据[①]。也有学者将数字教育资源定义成为了达到教学目的而设计与开发的课程资料。数字教育资源支持教学活动的开展，并以数字化的形态存储下来[②]。国外学者Saliyeva[③]认为数字教育资源是以数字形式呈现的文本、图片、视频、音频等支持数字教学活动开展所必需的资源。不同学者就"数字教育资源"的概念

---

① 马德民. 论教育资源的建设问题 [J]. 管理信息系统，2002（02）：29－31.

② 余亮，陈时见，吴迪. 多元、共创与精准推送：数字教育资源的新发展 [J]. 中国电化教育，2016（04）：52－57＋63.

③ Saliyeva A Z, Zhumabekova F N, Kashkynbay B B , et al. On the students' ability to use digital educational resources [J]. International Journal of Environmental and Science Education，2016，11.

界定问题加以阐述，总结看来，数字教育资源具有以下特点①：（1）作为教育资源的子集，数字教育资源本质上是经过数字技术处理后的教育教学资源；（2）数字教育资源需要信息技术手段予以支撑；（3）数字教育资源服务于教育教学活动，促进教学学习目标的达成；（4）数字教育资源以师生教与学需求为基础。

二、解决策略

数字教育使教师和学习者在数字化的教学环境中，遵循现代教育理论和规律，运用数字化的教学资源，以数字化教学模式进行培养，适应 21 世纪需要的具有创新意识和创新能力的复合型人才的教学活动，从而提高学习效率，取得更好的学习成果。

经过对王老师班级存在问题的深度剖析，我们发现，有效地获取数字教育资源，有助于备课、上课，能够从根本上解决问题。具体可以提供给老师的解决策略如下：

（一）提升资源判断能力，把控教学主题资源的适用程度

数字教育资源的媒体呈现形式多样，主要包括文本、图像、声音、动画、视频等，由于网络数字资源数量庞大、种类丰富、来源复杂，教师在教育教学中引用资源时需要评估数字资源的适用性。在资源获取过程中，要结合教学主题，明确资源检索的方法与资源判断的理由，获取方式与策略要有借鉴与学习意义。在资源呈现过程中，要保证视频清晰流畅、画面稳定，解说明确到位，无冗余信息。要充分发挥数字教学资源的优势，恰当地借力提高自身信息素养，以便在教学中不断汲取新的知识，拓宽知识面，不断地充实自己。同时，要利用网络工具获取最新的优质教学资源，并能整合和利用这些资源，及时调整信息化教学策略。以多样的形式，激起学生的学习兴趣，提高其学习效率。

---

① 冯雪晴. 基础教育数字资源供给现状与优化策略研究［D］. 无锡：江南大学，2020.

（二）提升资源获取能力，熟练运用网络信息的检索方法

信息检索，顾名思义，就是把你想要知道的、了解的信息通过某种途径搜索出来，按一定的方式组织起来，并根据信息用户的需要找出相关的信息的过程和技术。教师可根据不同媒体呈现形式利用搜索引擎、专题网站、区域资源网站、社交网络和专业图书馆等相应的途径获取所需资源，如利用百度等搜索引擎获得多媒体材料，利用全景网、素材中国、昵图网等专业图片网站获取图片资源，在公开课、网易云课堂、TED等视频资源平台获取视频课程资源，利用期刊网、百度文库、豆瓣读书获取文献和书籍类资源等。教师也要及时掌握数字化教学手段，并积极接受提高自身知识及技能的培训，巧妙地结合信息技术、学科课程及教育理论，使自己的数字教育资源的获取与处理能力在教学中不断提高。

（三）提升资源应用能力，保证数字教育资源的科学实效

数字教育资源的运用要面向学生的学习需求，可以选择恰当的方式呈现，资源选取要关注内容的科学性、契合度、时效性、教育意义，发布机构的权威性和可信度。面对网络中海量的信息资源，教师在享受网络带来便利的同时，要按照法律法规和信息伦理道德使用数字教育资源，注重信息安全，尊重他人知识产权和隐私，传递有利于社会和学生发展的信息。同时，尊重和发展学生的主体意识和主动精神，能够帮助教师更好地完成教学任务，提高课堂教学效率，培养学生的学习兴趣。

样例展示

本节将通过提供教师在实际教学实践中遇到的问题和通过多媒体教学环境解决相关问题的策略，为教师提供参考，具体如下：

样例：获取数字教育资源，提高学生学习兴趣

本案例来自吉林省长春市南关区平泉路小学李老师的班级，课程内容是

部编版语文五年级下册《猴王出世》。

1. 获取数字教育资源的目的

数字教育资源是指在学校教育中，围绕教学活动的开展，为实现教学目标、优化教学活动、提升教学品质而参与其中且能被优化的所有教学要素的总和。数字教育是指教师和学习者在数字化的教学环境中，遵循现代教育理论和规律，运用数字化的教学资源，以数字化教学模式进行培养适应新世纪需要的具有创新意识和创新能力的复合型人才的教学活动。

在本案例中，为了激发学生的学习兴趣，教师选择恰当的图片和视频有效地达成了教学目的，突破了教学重难点，高效地组织了教育教学活动。在多媒体下呈现出形式多样的学习资源。

2. 教学主题

本案例为部编版语文五年级下册《猴王出世》，教学目标是认识 8 个生字。读读记记"灵通、迸裂、避暑、楷书、造化、家当、顽劣、明明朗朗、喜不自胜、天造地设、伸头缩颈、抓耳挠腮"等词语。引导学生用精读、跳读、默读、浏览、欣赏资源等多种学习方法，品读语言文字，感受石猴形象，体会石猴的性格特点，领略经典名著的魅力，激发学生阅读经典名著的兴趣。

3. 教学对象

本案例中的教学对象是小学五年级一个班的全体学生，教学班级共有 45 名学生。同学们对生动的学习资源更感兴趣。在教学中，教师运用数字教育资源，可以提高学生的学习兴趣。

4. 教学重点

引导学生了解石猴从出世到成王的经历，感受其形象；引导学生品味语言，激发其对古典文学的兴趣。

5. 学习难点

课文是古代白话文，有些词语与现代语言有区别，因此，理解"伸头缩颈、抓耳挠腮"等词语的意思，读通相关句子，进而读懂课文内容是教学的难点。

6. 工具与方法

为了给学生提供更多的学习资源，激发学生参与学习的热情，教师在情境导入时播放了《猴王出世》的视频。首先，查找视频，打开央视影音，输入关键词"西游记"并点击搜索。然后，筛选视频，在众多的搜索结果中，选择适合使用的 86 版《西游记》第一集《猴王出世》片段，它是众多版本电视剧《西游记》当中最忠实于原著的。最后，通过央视影音下载视频，点击"下载"，选择保存文件位置，保存好资源。

教师在教学中使用的猴王图片，来源于百度搜索的《西游记》剧照，尺寸较大、清晰度高，整体色调和课件色调协调一致，适合插入课件中作为插图。首先，打开百度网站，进入图片栏目，输入关键词"西游记"并点击"搜索"，然后，在众多图片当中选择清晰度高、颜色鲜艳的图片，再根据文中突出表现的孙悟空的性格特点，选出有代表性的图片，最后选中图片，点击右键，选择"图片另存为"，将图片保存在文件夹中。依据具体教学需要，将资源插入 PPT 中，为教学提供有效帮助。

【样例评析】

样例中，李老师改变了传统的教学方式，利用数字教育资源的丰富性和多样性，把原本枯燥乏味的教学内容生动形象地呈现给学生，在一定程度上促进了学生感性思维的发展，有利于挖掘学生的学习潜能。

李老师在以下三个方面做得较好。

一是做到了"以生为本"。课堂上融入的数字教育资源，在一定程度上体现出了学生的主体地位，可以充分发挥出学生的主观能动性，调动学生与老师之间的沟通，构建以人为本的模式。

二是做到了"激趣乐学"。样例中，在情境导入时播放《猴王出世》的视频，较好地展现了猴王出世的场景，能带领学生迅速进入课文的故事情境当中，使其在图文并茂的环境下提高学习兴趣，进而提升学习质量与学习效率。

三是做到了"思维提升"。样例中使用的猴王图片，能较好地展现桀骜不驯、敢作敢当、勇敢机智、爱憎分明、幽默的猴王形象，为后续故事的发展埋下伏笔。

工具索引

上述样例中，在进行数字教育资源整合的时候，可借助的技术工具主要涉及两大类：一是百度等搜索引擎；二是一些基于文本、图像、音频、视频类资源的下载工具。

下面将对上述用到的工具进行一一介绍。

1."央视影音"客户端

它是一款优秀的极简资源下载工具。借助"央视影音"客户端可下载大量的高清教学可用资源，特别是政治、历史、地理、语文等文科类视频资源。此插件在 WIN10 最新浏览器［Microsoft Edge］和谷歌浏览器中应用极其简便。

具体操作如下：

（1）百度搜索"央视影音"，下载 PC 版安装到电脑上。

（2）打开"央视影音"，在搜索栏中搜索想要查找的内容。

（3）选择一个视频资源，点击播放，页面右上角有一个图标，进行下载。

（4）选择要下载的内容，点击"开始下载"，而后点击图片所示的人形图标，进入之后，点击左侧列表"我的下载"字样。

（5）点击右上角"打开文件"，下载完成后，在弹出的文件夹中就能看到视频了。

"央视影音"采用了"大中台＋小前台"设计，通过云服务从技术和流程上实现了从内容数据到用户数据的共享分享以及互联互通，聚焦"泛文体、泛资讯、泛知识"三大品类，聚合了央视本身以及地方卫视的内容，可以为教学提供更多高效的数字教育资源。

2. EV 录屏软件

它是一款非常好用的桌面视频录制软件，这款软件可以帮助用户轻松地录制视频，并且全免费，无水印。它支持"录制存盘"和"本地直播"；支持"定时录制"，能够设置单次录制时长，也可以设定某一次录制开始的时间。支持"麦克风""仅系统音"等多种音频录制；支持桌面"任意选区"录制与"全屏"录制；支持"分屏录制"，能够同时录到图片、摄像头、桌面。

EV 录屏软件操作简单，分为三个步骤：

(1) 打开软件，根据需求选择音频与视频录制选项；

(2) 点击"开始"，进行录制；

(3) 结束录制，在列表里查看视频。

EV 录屏软件录制出来的视频体积很小，但是非常清晰，并且是一个集视频录制与直播功能于一体的桌面录屏软件，可实现分屏录制、实时按键显示、录屏涂鸦等功能，使视频观看者有更好的体验，学习起来也能更加轻松。

3. 浏览器插件下载音视频

火狐浏览器的插件 VideoDownloadHelper 可以下载全网大部分网页中的视频及音频。

插件的安装和使用方法：

(1) 在浏览器菜单中选择"扩展和主题"，在其中搜索 VideoDownload-Helper，选择安装。

(2) 安装后在浏览器工具栏中会出现插件的图标，当浏览的网页中有可以下载的视频或音频时，插件图标会亮起，点击图标，即可出现"下载"选项。

第二节　演示文稿设计与制作

案例启思

　　今天，王老师要讲授的是苏教版小学语文教材二年级上册第4课《乡下孩子》。这篇课文是一首反映农村孩子童年生活的诗歌，比喻和象征的手法运用贴切，具有诗歌文字精练、跳跃的特征，极富想象的空间。王老师被这篇课文吸引，但同时又陷入深深的思考：语文阅读教学，不是缺少美，而是缺少发现。如何让学生在枯燥、机械、无奈的训练中找回失落了的童真、童趣，寻找真与美？于是，极少用现代技术辅助教学的王老师在教研组其他老师帮助下，花了两周多的时间，将课文内容制作成了"炫""酷"的幻灯片。课上，王老师演示讲解不到五分钟，孩子们就对老师今天带来的"新技术"不感兴趣了，学生们有玩铅笔的，有模仿演示文稿的插图画画的，还有把目光移向窗外的……此时，王老师一边对着如此美文，一边对着没有被美文吸引的孩子们，满脸的无奈。她该如何吸引孩子们发现课文之美呢？

问题剖析

一、"书本搬家"式的课件制作误区

　　课件是教学内容的载体，但制作课件并不是简单地将教学内容从书本上转移到幻灯片上。在制作演示文稿之前，不应该只考虑改善教学手段的问题，还要对教学内容进行系统的分析，看看要进行课件设计的内容，是否用常规教学手段不能表达或难以表达；不能只注重讲课时的教学形式多样化、使用载体多样化，还应考虑采用课件组织教学是否达到了优化教学效果的目的。

上述案例中，王老师把书本上的内容原样变成演示文稿，不仅不能帮助学生理解相应的知识，达不到教学目标，还束缚了自己的教学思路和方法。在实践中，王老师认为只需要单纯地将要讲授的书本内容插入到课件中，就可以收到良好的教学效果，只需要将这些用传统板书呈现的内容，改为用多媒体课件呈现，就算是实现了教学效果的飞跃。内容的选择本来也是教学设计中的一部分，但是王老师将它作为了课件制作的核心。事实上，案例中的王老师深知课文之美，却只是把课文投放在课件之中。文字虽美，但很难引起孩子们的共鸣。这种"书本搬家"式的课件，不仅不能达到优化教学效果的目的，还会使我们传统的、生动的课堂教学陷入僵化的境地。

二、"舍本逐末"式的技术操作误区

在教学实践中，王老师为了制作所谓的能吸引学生眼球的"样式精美、色彩绚丽、动感十足、形象逼真"的教学课件，走进了"舍本逐末"式的技术操作误区。PPT软件是一个简单而实用的课件制作工具。对于一线教师来讲，制作课件在技术上并不难，或者说并没有过高的要求。然而，对于极少用现代技术辅助教学的王老师而言，为了追求课件制作的"炫""酷"效果，却花掉了两周多的时间。王老师在色彩、动画和美工等细节处理上煞费苦心，却没有灵活组织、应用多种媒体素材，提升教学内容的解释力；却不了解制作或运用PPT演示文稿的目的，没有采用可视化方式清晰地展示知识结构和逻辑关系，促进学生认知发展；却不清楚演示文稿中可以采取哪些方式提升内容的表现力，不知道如何利用演示文稿丰富师生互动方式，从而走进了"舍本逐末"式的技术操作误区。王老师想用课件演示的方式吸引学生学习的注意力，收到"吸引孩子们发现课文之美"的教学效果，结果却事倍功半。没有被美文吸引的孩子们各自开小差，甚至对课件中的插图产生了浓厚的兴趣，而美文的内容却没有记住，导致学生误以为王老师是在展示技术，而不是在传递知识。

三、"大满堂灌"式的点击授课误区

将多媒体课件引入课堂，并不意味着教学课件要成为课堂教学的全部。应用演示文稿进行授课，需要根据教育教学需要呈现契合的内容，借助传统教学中的教学语言、提问、板书和非语言行为等，有序推进课堂教学环节的展开，充分运用非语言行为等教学技能，增进课堂教学中师生、生生的互动性，丰富师生互动的方式，以及将传统教学手段与现代教育技术的有机结合，形成优势互补，从而真正提高课堂的教学效果。

在实践教学中，王老师的主要问题在于，为引导学生发现美，以课件演示代替了课堂讲授，视传统的教学艺术于不顾，盲目追求教学的"现代感"，这种点击式的"机灌"课堂，自然不会收到好的教学效果。

解决策略

小学教师多媒体课件制作技能是以制作多媒体课件为核心的，那么对于多媒体课件要有一个正确的认识。

一、演示文稿的内涵

演示文稿即能够实现教学功能的课程软件，简称课件（courseware），具有教师、电影或录像、书籍这三种传统媒体的潜在优势，在教学中具有很大的吸引力。从理论上讲，演示文稿能够和学生进行交互，适应学生的个别需求，促使学生容易得到结构化的信息，呈现静态或动态的图片。在日常教学中，教师多以演示文稿的形式生成多媒体课件。

祝智庭提道：课件是教学程序和教学信息的组合[①]。卿丽在他的《多媒体课件的文化创作》中提道："课件是指根据教学大纲的要求和教学的需要，经过严格的教学设计，并以多媒体的表现方式制作而成的课程软件，是实现和

[①] 祝智庭. 现代教育技术：走进信息化教育 ［M］. 北京：高等教育出版社，2001. 9.

支持特定课程的计算机辅助教学软件及配套的教学资料[①]。"冯春生在《多媒体课件的评价指标及制作流程综述》一文中，将多媒体课件定义为："多媒体课件是一种软件产品，它的设计、制作与发行过程，都必须按照软件工程的一系列规范来进行[②]。"学者何克抗在《多媒体课件及网络课程在教学中的运用》一文中指出："多媒体课件是指，通过辅助教师的'教'或促进学生自主地'学'来突破课堂教学中的重点、难点，从而提高课堂教学质量与效率的多媒体教学软件[③]。"

演示文稿是有利于课堂教学、学生学习的多媒体课件，是一款特殊的软件，它要符合教学规律，符合学生的需求，以它的优越性在教学中发挥最佳的效果。综上所述，多媒体课件是教学信息传递的载体，是结合多种媒体信息按照教育规律和原则制作而成的课程软件，来帮助教师传递信息、促进学生获取知识和技能的工具。

二、演示文稿的制作目的

制作演示文稿最主要的目的是直观、明了、美观地演示某个课堂主题。

首先，让学生更直观、方便、明了地理解教师要讲授的内容。

其次，方便课堂内容的实时修改。在实际的课堂应用过程中，发现了错误，可以随时修正，不像视频，修改一个简单的字幕都需要重新渲染输出。

再次，演示文稿里清晰简洁的课堂内容，会让教师的授课思路更具有条理性，方便在授课的时候结合与内容相关的图片、文字，让演讲变得不再单调、枯燥，给人一种图文并茂的感觉，让学生轻松快捷地知道课堂内容，使演讲一类活动能表现出色。

最后，制作演示文稿的目的是在教师和学生之间架起桥梁，辅助两者之间更好地相互传达所需要的信息。

---

① 卿丽. 多媒体课件的文化创作［D］. 长沙：湖南师范大学，2012.
② 冯春生. 多媒体课件的评价指标及制作流程综述［J］. 教学研究，2006（4）：355－357.
③ 何克抗. 多媒体课件及网络课程在教学中的运用［J］. 中国大学教学，2007（5）：74－77.

三、演示文稿的制作原则

张天霞在《游戏型课件的设计技术及开发实践的研究》中提道："教师以'文本＋视频'这种模式呈现出来的多媒体课件产生了代替学生思维、机灌式教学以及被设定程序牵引的现象，违背了'以学生为中心'原则[①]。"

在实际课件制作中，教师多媒体课件制作技能欠缺之处，还体现在课件的界面中。图片、图形、文字、音频、视频等素材的搜集以及它们的表现形式都存在不当之处，制作出符合要求的多媒体课件，了解其制作原则，成为提升教师多媒体课件制作技能的重要方面。

（一）教育性原则

多媒体课件为教学服务，要根据教学理论和学习理论来编制，制作出符合学生认知规律的、直观的、有启发性的、趣味性的多媒体课件。

（二）科学性原则

多媒体课件中不仅包含知识性的内容，还有图片、音视频、符号等信息元素，都要求准确无误，因此，科学性的要求是知识不出现错误。

（三）艺术性原则

多媒体课件的艺术性原则不仅仅体现在界面的美观、素材的拼接方式等吸引学生学习兴趣，还体现在课件给学生带来的美育效果。

（四）可操作性原则

多媒体课件的展示离不开教师的操作，可操作性体现在两个方面：一是易于教师和学生的操作，避免了复杂的层次操作；二是可以根据学习者的需求进行操作[②]。

四、演示文稿的制作技巧

成功的课件设计是制作者在深入钻研教材、认真分析学生情况的基础上，

---

① 张天霞. 游戏性课件的设计技术及开发实践的研究［D］. 哈尔滨：哈尔滨师范大学，2011.
② 黄家荣. 多媒体课件制作原理与应用［M］. 成都：西南交通大学出版社，2005. 28.

结合其教学理念，以及自身对于演示文稿相关软件掌握熟练程度设计而成的。基于此，我认为王老师应该从以下几个方面改进。

（一）走出误区，改"照搬书本"为"提炼加工"

首先，造成课件照搬书本的根本原因是没有对教学内容进行加工，所以可以从以下几方面提升课件设计与制作水平。

1. 简化要呈现的教学内容。在制作课件时，对书本的内容进行简化提炼，根据知识结构图组织教学内容。

2. 转换内容的表现形式。课件可以借助文字、图片、声音、动画以及视频等多种表现方式呈现教学内容。制作课件时，应当发挥课件的多媒体特性，将原本抽象的、难以理解的文字内容转换形式，借助图表、图形、图片、动画或视频等形式表达出来，化抽象为直观，帮助学习者更好地理解学习内容。王老师讲授《乡下孩子》时，只是把需要掌握的字词等教材中的内容呈现在课件当中，其实演示文稿的页面可以更加丰富多彩，可以包括文字、图片、声音、视频等内容。

3. 遵循十二字优先原则处理具体的页面内容，即"能用图不用表，能用表不用字"，按照这样的呈现方式，可以真正收到将抽象变直观的效果。

4. 巧用话题形象化呈现内容。在内容排列分布上，PPT 的制作也有技巧，准确地找出页面内容中带有数字流程、因果关系、障碍、趋势、时间、并列、顺序等关系的重要内容，巧用图画的方式来形象化地呈现，只有这样的 PPT 页面才会让人产生一目了然的感觉。

当然，要真正克服制作"书本搬家"式的课件弊病，还有赖于课件制作者对内容的真正理解，只有理解了，才能做到胸有成竹；只有理解了，才可以准确地找出内容之间隐藏的对比并列递进关系；也只有理解了，才可以实现 PPT 制作的条理性和结构性，使 PPT 制作简洁明了。

（二）抓住核心，改"舍本逐末"为"素材整合"

在设计课件时，不仅要注意软件的设计技巧，还要注意学习理论和教学设计方法的运用，这样才有助于提高演示文稿制作的质量。可以从以下三点对课件进行优化：

1. 教师在使用演示文稿时不要使用复杂的动作设置、动画方案，在页面切换时应慎用花哨动作和无关声音，特别是在需要学生思考问题的时候；而在讨论比较轻松的话题时，可以加上一些特效。

2. PPT 排版要整齐统一，风格色调一致。

3. 尽量选择与教学内容相关的素材放到 PPT 内。现在网络资源很丰富，老师在制作课件时可以选择多样的素材。但是，这些素材一定要与教学主题相关，不然会造成两个后果：一是课件看起来很乱，二是分散学生注意力。

王老师全部教学设计理论都是围绕如何"教"而展开的，很少涉及学生如何"学"的问题，按照这样的理论设计的课件，学生参与教学活动的机会少，大部分处于被动接受状态，学生的主动性、积极性很难发挥。

我们一般在课堂教学时使用的课件，都是事先根据教学要求而设计制作的，而王老师只强调教师的"教"，却忽略了学生的"学"，只是为了用 PPT 而强加进课堂，没有追求直观和生动，忘记了作为主体存在的学生的主动性，特别是二年级孩子的特性。一堂课下来，学生记住的可能只是单纯死板的、没有任何情感的生字、词语。加之课堂不够吸引孩子们的注意力，导致孩子们对知识的掌握情况更加糟糕。

（三）以生为本，改"大满堂灌"为"有效互动"

传统的课堂教学设计比较强调预设性，即根据预设的教学设计方案有条不紊地开展教学，这也是王老师所擅长的。但事实上，这样的教学设计思路往往忽视了课堂教学的动态生成性，而将 PPT 作用于课堂教学的过程本身就具有很大的不确定性。因此，演示文稿作为一种现代教学媒体，在设计时，要着重思考为什么要在演示文稿中选择这些内容加以呈现，设计的意图是什么，演示文稿是否有利于学生阅读和理解，能否引起学生的注意，有冗余的信息吗，等等。应合理地利用其动态性、交互性、多媒性，为创设良好的课堂气氛提供潜在的可能性。唯有鼓励学生把自己的理解、感受真实地表达出来，在相互的交流、碰撞，甚至是争辩中获得新的理解和认识，这样的课堂教学才是最真实的、充满灵性的[①]。

王老师应该充分认识到演示文稿的这种优势，为学生创设一个和谐、宽松的课堂环境，一个安全、开放的心理环境，营造良好的课堂氛围，从根本上优化师生关系，促使学生以良好的心态和积极的思维，投入到课堂教学过程当中。

样例展示

本节将以胡老师参加信息技术与学科深度融合优秀课例《比尾巴》的真实案例为参考，明晰演示文稿的设计思路与制作过程，在互动课堂教学模式实施过程中，有序推进课堂环节展开，提升学生对教学内容的理解力，促进学生的认知发展。具体分析流程如下：

样例：基于 101 教育 PPT 智慧课堂制作

1. 教学主题

本样例是部编版小学语文一年级上册《比尾巴》一课，在孩子的眼中，小动物是他们最亲近的朋友。本课用三问三答的形式，介绍了六种动物尾巴的特点，同时配了六幅生动的插图。课文朗朗上口、简明易懂，极富儿童情趣，不仅能激起学生朗读的欲望，还能引起学生观察其他动物尾巴特点的兴趣。

2. 教学对象

一年级的学生，自控能力较差，表达能力比较弱，语言也不够丰富。课堂教学从创设情境开始，设计了森林里比尾巴大赛的教学情境，把学生置于活动中，为引导学生识字、诵读课文做好了准备。各教学环节都从兴趣入手，

① 江庆平. 基于 PowerPoint 的交互式微课制作：以自制高中生物微课《人类单基因遗传病的遗传特点》为例 [J]. 教育实践与研究，2017，(17)：47－49.

或让学生在学中玩、玩中学，或让学生体验成功的喜悦，充分调动学生的学习积极性。本节课，采取多种识字方式，从向生字打招呼读拼音识字，再到去拼音识字，在游戏中识字、认字的识记有层次，有梯度，通过这样反复训练，学生对生字的识记得到了巩固。迁移学习成果，发展、积累学生语言，教学中充分利用教材，在完成阅读、识字基本任务的基础上，引导学生进行语言实践活动，使学生体会到学习语言、运用语言的乐趣，提高学生学习语文的积极性。

3. 教学重点

本节课的教学重点是有感情地朗读课文、背诵课文，并能在轻松愉快的学习氛围中识字、写字。

4. 教学难点

对于一年级孩子来说，学习难点是读好问句的语气。本课运用拟人的修辞手法，通过三问三答的形式，介绍了六种动物尾巴的特点。全文读起来朗朗上口，极富儿童情趣，能激起学生朗读的欲望，因此，读好文中的问句成了本课教学的难点。

5. 工具与方法

（1）利用 101 教育 PPT 海量资源轻松备课

应用一：借助 101 教育 PPT 制作课件，使动画、视频、课件、练习等各种教学资源有机融合，使各个教学环节更加科学合理。101 教育 PPT 有强大的课件制作功能，智能匹配课件、教案、多媒体等多种资源，按照备课的课程章节搜索，就能立即获取到与之相对应的备课课件及相关资源。一键调用，大幅度节省了备课时间。

（2）利用 101 教育 PPT 的交互性调动学生学习积极性

应用二：利用"光灯"功能，在学习"比"字时，只亮"比"字，强调并加深学生的印象。

应用三：在开火车认读生字环节，全班表现良好，利用"花名册"功能奖励全部同学一朵小红花。这是本堂课第一次奖励小红花。用奖励小红花的方法，调动学生的好奇心，吸引学生的注意力，提升学生的学习兴趣，使学生更积极地参与到课堂学习当中。

应用四：读生词时，利用"随机点名"功能。抽取8位幸运儿，进行读生词接龙游戏，可以奖励读得好的同学一朵小红花。随机点名的动画效果生动有趣，并且有机会得到小红花，让学生不再害怕被点名，在红花竞开的氛围中集中注意力，调动学生的学习积极性，提高课堂学习效率。

应用五：利用"习题"功能。101教育PPT中的题型非常丰富，除了单选题、多选题、连线题、填空题、主观题等基本题型外，还有趣味性的连连看、猜词游戏等题型，老师在设置题目的时候，可以与教学设计灵活安排，调动学生做练习的积极性。

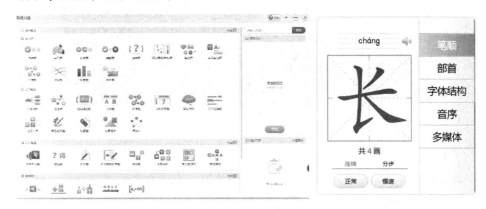

应用六：利用"手机投屏"功能，在学生进行互问互答环节进行视频拍摄，在学生进行练习写生字环节，拍写字的照片发送到教师端，利用大屏幕进行欣赏和讲解。当学生们看到自己讨论的视频和做题的照片被老师展示在大屏幕上时，会激发他们对学习的感受，也培养了认真做题、积极参与小组讨论的好习惯。

应用七：利用语文学科工具里的"生字卡"功能，学习"长"字的读音和笔顺。生字的笔顺，通过简单明了的动画演示，能加深学生印象，加强记忆效果。

应用八：利用"课堂总结"功能，显现出学生在本节课回答问题、获得奖励等学习情况，便于老师对学生进行课堂评价。

6. 结果分析

在讲授《比尾巴》一课教学过程中，灵活地运用101教育PPT的交互功能进行教学，使课堂变得更加活跃，更加直观形象，更加有效率。教师适时、适量、适度发挥演示文稿辅助教学的优势，促进课堂和其他教学模式的有机结合，使其相互促进、相辅相成。

【样例评析】

样例中，胡老师根据教学需要，借助信息技术支持，通过101教育PPT对《比尾巴》这一课做了精心的备课，依据一年级孩子的年龄特征，调整了演示文稿的布局、排版、设计。这一做法，大大提高了课堂吸引力，有利于教师尽快地掌握学生的课堂动态。

一是做到了"内容加工"。案例中，胡老师课前对一年级孩子进行充分的学情分析，为制作演示文稿提供了基本依据，并为课上教学活动指明了方向，确保了教学目标定位在学生的最近发展区，确保了教学重点、难点的精准预设，确保了教学策略选择与教学活动设计的精准匹配。

二是做到了"素材整合"。胡老师通过对学生年龄特征的分析，为演示文稿中互动部分课堂教学提供及时反馈，胡老师根据课堂状态及时对演示文稿进行相应的调整，做到了教学契合学生的学习需要。

三是做到了"有效互动"。学生是教学的重要资源，而演示文稿依托学生的接受能力，来调整演示文稿中的课堂互动。

工具索引

1. 101教育PPT

101教育PPT拥有课件制作功能，为教师配备了教育资源库，除了课件素材、电子教材、学科工具、3D/VR资源以及系统资源外，还有多媒体资源以及PPT模板等各类教学资源。

101教育PPT针对全国不同地区的老师提供了人教版、北师大版、苏教版、外研社版等在内的全国主流教材版本；覆盖学前阶段、K12阶段、中高职等学段的语文、数学、英语、物理、化学、地理、生物、历史、政治等十几个学科。老师可以在课堂上使用101教育PPT的数据资源对学生进行教学，而这些数据资源可以帮助学生理解和体会整个学习过程。101教育PPT在AI技术的支持下，通过对人物IP形象的具象化，赋予每个AI一个身体，老师们在不同的课堂和气氛环境下，都可以请出想要的 AI 助教，使教学充满更多可能。

2. 希沃白板 5

希沃白板 5 以多媒体交互白板工具为应用核心，提供云课件、素材加工、学科教学、思维导图、课堂活动等多种备课、授课的常用功能，并基于 K12 各个学段提供了诸如汉字、拼音、几何、公式、英汉字典、画板等对应的学科工具。希沃白板拥有丰富的功能，常用的有如下几种：云课件、时间胶囊、课堂活动、思维导图、学科资源（具体包括汉字、拼音、古诗词、几何、函数、公式、英汉字典、化学方程式、星球、乐器等专属学科工具）。

3. Focusky

Focusky，是一款新型多媒体幻灯片制作软件，操作便捷性以及演示效果超越 PPT，主要通过缩放、旋转、移动动作使演示变得生动有趣。传统 PPT 单线条时序，只是一张接一张切换播放，而 Focusky 打破常规，采用整体到局部的演示方式，以路线的呈现方式，模仿视频的转场特效，加入生动的 3D 镜头缩放、旋转和平移特效，像一部 3D 动画电影，给听众视觉带来强烈的冲击力。具体如下：

（1）快速简单的操作体验。Focusky 比 PPT 还要简单，所有操作即点即得，在漫无边界的画布上，拖拽移动也非常方便，大部分人可以在 1 小时内学会基本操作。

（2）软件自带精美的模板。Focusky 提供许多精美的模板，替换成自己的内容就可以用了，可以快速地制作出好看的多媒体幻灯片。

（3）3D 演示特效打破常规。传统 PPT 只是一张接一张播放，而 Focusky 打破常规，模仿视频的转场特效，加入生动的 3D 镜头缩放、旋转和平移特效，像一部 3D 动画电影，给听众视觉带来强烈冲击力。

（4）思维导图式的体验。自由路径编辑功能让您轻易创建出思维导图演示的幻灯片演示文稿，以逻辑思维组织路线，引导听众跟随您的思维去发现、思考。

（5）多语言支持。Focusky 完美支持中文，除此以外还支持输入其他语言，如英语、日语、韩语、法语、阿拉伯语等。

（6）多种输出格式。Focusky 支持多种输出格式，如 HTML 网页版、＊.EXE、视频等，可以上传网站空间在线浏览，或者在 Windows 和苹果电脑上本地离线浏览。

第三节　数字教育资源管理

案例启思

《咏鹅》是人教版小学一年级音乐下册教材中的一首歌曲，这是一首根据唐朝诗人骆宾王的著名诗篇创作的歌曲，描述了鹅在湖面上自由游弋的神态。刘老师在备课时，需要查找古诗的背景和鹅在水面游泳相关的视频资源，意在课上引导学生体会鹅的悠然自得，从而让学生灵活领会歌曲的情绪，制作符合自己教学过程和风格的课件。他在寻找鹅的图片、古诗以及视频、音频的过程中，搜索出很多文件名类似的文字文件、课程视频、教学设计等不符合自己需求的资源，导致刘老师在课件制作的过程中浪费了大量时间，本节课的教学没有收到预期的理想效果。

问题剖析

信息资源的海量性、丰富性和共享性，使数字化学习环境初步形成，学习者学习方式发生了根本转变①，如可利用数字资源在线学习，在数字化环境中进行自主发现的学习，利用网络工具进行合作讨论式学习，利用各种信息加工工具和平台，进行实践创造的学习，等等。如何处理海量的数据与服务，有效地为用户提供方便、快捷的网络服务，成为互联网当前发展面临的一个问题。如何在有效的成本投资下最大限度地满足学习对海量数据和服务的要求，成为学习中逐渐引起关注的问题②。然而，数字教育资源管理方式存在一些问题：

一、数字教育资源存储未采用科学方法

随着信息化的发展，国家对教育信息化高度重视，将利用信息技术改进教学方法、推进教学改革的工作已全面开展③。利用数字教育资源进行课前、课中、课后的技术支持是教师应熟练掌握的常用技能。综上所述，通过科学的方法对数字教育资源进行存储和使用显得尤为重要。

在上述案例中，刘老师由于存在信息技术使用得不多、信息习惯和信息素养停留在初级阶段等问题，导致对数字教育资源的存储和使用采用的是"即用即找"的方法，存储教育资源时，方式单一，命名不规范，缺乏有序分类，没有有序管理教育资源。这种情况导致教师对教育资源进行检索时效率低下。

二、数字教育资源库建设未形成规范模式

学生在按要求进行课前预习时，缺乏教师提供的教育资源库的支撑。因此，应该做好教育资源库的初步建立和数据分类编组管理，形成属性和特征丰富的数字资源库，以便提高资源检索效率和利用效率。例如对于学生学习

---

① 余胜泉，朱凌云，曹晓明. 教育资源管理的新发展 [J]. 中国电化教育，2003（9）：96—99.
② 王萍，张际平. 云计算与网络学习 [J]. 现代教育技术，2008，11（18）：81—84.
③ 教技〔2012〕13 号，"教育部等九部门关于加快推进教育信息化当前几项重点工作的通知"〔Z〕.

和教师教学中产生的越来越多的教学资源，实现重复利用。教育资源的利用和开发、下载、上传、存储、分类等工作规范化，最终形成资源库，支撑教育资源的更好使用。

三、数字教育资源管理未采用合适的工具

数字教育资源的管理应注重传输的普适性和应用的方便性，例如利用各省市云平台、网盘、云笔记、电脑中的资源管理器等。多数教师在多年的教学中已经积累一些教育资源，使用者如果没有根据资源内容、面向对象、任务等维度，利用合适的工具对数字教育资源进行管理，就会导致积累的资源在使用时发生检索困难或资源丢失的情况。

样例中刘老师制作课件时，之所以在检索资源过程中会出现很多重复的文件或无用的资源导致检索困难，是因为并没有采用合适的工具进行存储或管理。

解决策略

随着国家对教学点数字教育资源全覆盖项目的投入加大，项目得到广泛推广，教师逐渐适应运用信息设备和数字教育资源开展教育教学工作。为用好信息化的设备和数字教育资源，使之最大限度地发挥成效，教育管理部门需要在项目管理、师资培训、资源应用和建设等方面做好监督管理工作。推进数字教育资源的有效应用，管理是关键，如果管理到位，既能提高监督效能，又能全方位提高数字教育资源的应用成效。

数字化教育资源的使用能够在教学中充分应用和发挥信息技术的作用，它并不是指现代化信息技术在课堂教学中形式上的简单套用，而是以现代信息技术为载体，改革教学思路，重新设计教学模式，通过数字教育资源进一

步提高学生的学习兴趣与动手能力[①]。

一、数字教育资源的特征

经过多年数字化教育资源的建设和积累，已经聚集了海量的数字教育资源，而且其中很多有条件的机构已经做到了资源上网，为学习者提供基于海量数字教育资源的多种应用服务。总结起来，海量数字教育资源具有如下特征[②]：

1. 多源异质、冗余、语义缺乏

海量数字教育资源涉及多种多样的异构数据资源，可以称之为多源异质数据。例如从数据的基本格式来看，有数据格式、文本格式以及 XML 格式等；从数据的结构来看，有结构化数据、半结构化数据和非结构化数据等；从数据语义来看，有采集的底层原始数据和数据聚合后的高层概括性数据等，其中底层原始数据存在巨大的数据冗余和语义缺乏。

2. 不确定性

整个数字教育资源处于不断动态变化中，同时数据又是上下文相关的，即具有情景相关性。用户访问教育资源的行为复杂多变，这种复杂访问行为也导致数据处于不断动态变化中，而这种数据的动态变化会进一步导致数据存在的不确定性。

3. 实时应用需求

优质数字教育资源的建设需要满足实时应用需求，如实时学习交互、实时资源管理、实时学习进程的迁移和控制等。因此，海量教育资源管理和共享必须满足实时需求，保证在限定的时间内给出正确、快速的处理结果。

---

① 黄莉莉. 数字教育资源在信息技术教学中的应用与探索 [J]. 信息教研周刊，2014（002）：110－111.

② 冯永，钟将，叶春晓，吴中福. 海量数字教育资源管理和共享的云服务模型研究 [J]. 中国电化教育，2013（05）：117－123.

4. 数据规模海量

各高校、教育机构、科研院所等已经聚集了 TB 甚至 PB 级的海量数字教育资源，因此海量数据资源处理的需求会变得非常普遍。

5. 可信、可靠需求

由于数字教育资源系统网络的复杂性，系统中存在许多不可预知的因素，这些不可预知的因素所产生的数据不确定性将影响资源处理的各个阶段，包括资源采集、资源传输、资源加工和资源反馈等，尤其是在资源加工处理的聚集计算、查询处理、数据分析中更需要保证处理的可信性和可靠性，对可能出现的错误或者系统故障，应具有容错能力，保证处理结果的正确性、可靠性和安全性。

同时，伴随海量复杂的数字教育资源，还存在资源利用效能不高，资源服务器负载均衡效果不理想、稳定性差，资源服务的软硬件容错能力不强等问题，这些都成为制约资源有效利用和共享的瓶颈。

二、数字资源管理

1. 数字教育资源的分类管理有利于资源的长期保存和检索应用

数字教育资源的分类可根据内容、面向对象、任务等维度进行整理。

按资源内容可分为教学素材（资料）库、课件库、教案库、试题库、论文库、数字图书库等。

按照面向对象可分为学生、教师、学校文件，学生又可按年级、学段等分类。

任务可按课前、课中、课后，或以教学分析中确定的各类别学生作为分类依据。

分类好的数字资源应按照教学需要和使用习惯，根据一定的规则命名，并在命名时尽可能详细地标注资源属性。

2. 数字教育资源库的建立形成有利于资源再开发和再利用

教育资源库是指按照统一符合国家颁布的技术规范和课程内在逻辑关系构建的，优秀的数字化媒体素材、知识点素材以及示范性教学案例等教学基本素材构成的，可不断扩充的开放式教学支持系统。

随着互联网教学技术的发展，教育资源库建设是学校教学信息化的必然趋势。教育资源库的建设可以在较大范围内实现资源的开放与共享。教育资源库可以把教育网站、各出版社出版的正式教育光盘、学校积累的教学资料、教育软件、教师自制的各类课件等作为资源的来源。

建立符合学校或教师实际情况的、有特色的数字教育资源库，可以使资源得到有效传播，优质资源得到充分再开发和再利用。

3. 数字教育资源的管理工具有利于提高管理和使用效率

合理利用数字教育资源管理工具可以使教育资源实现重用性、再生性、适应性，保证使用对象能够在不同的信息系统、资源存储器和学习平台间灵活地传递。

数字教育资源管理工具可以分为线上和线下两种形式，线上一般使用网盘、云平台、云笔记等工具，而线下使用个人计算机文件夹、移动硬盘等，或使用合适的电脑软件来管理。

需要注意的是，由于教师教学的连续性、长期性和广延性，需要长期保存并经常使用数字教育资源。因此，在选择教育资源管理工具时应注意其是否具有较大的空间和是否能够长期使用且不易丢失。对于一些不稳定、容易关闭的平台和软件，尽量不要选择。

样例展示

样例：分类管理资源，形成教学资源库。

本案例来自张老师的班级，课程内容是部编版语文五年级下册《草船借箭》。

1. 资源管理的目的

通过数字教育资源管理，将不同的资源分类存储和应用，使资源分类清晰、有利共享、便于交流、服务教学。在本样例中，教育资源管理的目的是在课前导学中使学生可以根据教师建立的分类对所需的课程资源完成检索。从字词、历史背景、作者信息、三国人物的简介等各个方面查找相应资源，完成对本课内容的预习。

2. 教学主题

本案例是一节五年级的语文课，《草船借箭》是中国古典名著《三国演义》中赤壁之战时发生的一个故事。知识点包括生字、成语、句型和文章大意解析、时代背景的了解、作者的了解，以及对本文中周瑜、诸葛亮人物性格特点的认识和分析。课前应有一定程度的预习，让学生能够通过文中关键语句，结合相关资料，感受故事中人物的特点，并能大致读懂"阅读链接"中的原著片段，初步感受原著的语言特点。

3. 教学对象

本案例中的教学对象是吉林省长春市某小学五年级一个班级的全体同学。班级共有38名学生。学校配备了完善的网络教室，学生从三年级开始通过信息技术课，学习了计算机操作的基础知识，可以熟练操作电脑。具有两年左右的网络教室使用经验。学习本节课，需要一定的历史知识和时代背景知识的预习积累，张老师提倡在同类课程教学中进行课前导学，让学生通过查找资料进行预习，按照导学单对所学知识提前进行学习了解。

4. 教学重点

理解课文内容，能按照起因、经过、结果的顺序明白及讲述故事的内容。紧扣课文语言，感悟文中人物的特点。初步学习阅读古典名著的方法，激发学生学习、亲近古代文学作品的兴趣。

5. 学习难点

感悟文中人物的特点。初步学习阅读古典名著的方法。

6. 工具与方法

张老师在布置课前导学时，提示学生可以登录班级的云平台和张老师分享的网盘链接、网上邻居，登录张老师的电脑硬盘，查找相应的资源进行预习。张老师认为教学资源的管理要保证学习对象应用的方便性，因此采用了基于学习对象、学习方式、学习年级、学习内容等管理方式来实现资源的分类共享。比如张老师对网盘和电脑硬盘的文件夹进行了分类管理，分类呈现的资源有"五年级生字生词""小学语文历史资料""三国人物介绍""课文朗读音频（按年级）"等，学生根据导学单的要求，能够很快查找到三国时期的历史资料，并预习生字生词。同时，将预习结果上传到云平台，形成新的资源。在课堂上，学生分组将自己查找到的预习资料进行展示和讲解，使全班学生通过分享了解大量的课前知识，提高了学生在课堂上的积极性。良好的预习提升了课堂教学效果。

【样例评析】

样例中的教师对数字教育资源管理的方式可分为线下管理、网络管理两种，切实解决了教师、学生在教育教学和学习过程中对于数字教育资源查找和使用中出现的问题。

由于科学地分类，大量的、分散的、杂乱的信息经过整序、优化，便于师生查找；资源通过实用的分类、科学的存储、节时的检索，形成一个便于有效利用的系统或资源库，便于资源的重复利用；使用了合适的资源管理工具，有利于教育资源存储和使用效率的提高。

网络信息的膨胀和数字化教育资源的丰富，使教育者和学习者在选择和保存数字教育资源时查找和使用资源的难度加大。如果资源组织方式存在缺陷，会导致使用效率低下。在此情况下，合理地进行数字教育资源管理可以辅助教师将自身制作的学科数字教育资源与收集到的学科资源进行整合。将课程标准、教材、教案、制作和收集的数字教育资源等进行有机结合，也更加有利于对本学科数字教育资源的开发和再利用。那么如何进行数字资源的管理呢？

教师对数字化教学的运用越来越多，个人对现有数字教育资源的加工与整合形成的教学课件和教学设计也在大批量地出现，这对于学校和教师本人来说都是一种财富。除了建立个人的资源库，学校也应该建设集合型的资源库，专门整理收集教师们开发和加工后的优质课件和教学设计，目的是方便提供给学校有需要的教师共享教学资源，以求共同进步。数字教育资源库的建立要遵从应用性、互动性、综合性、连续性的原则，既能直接为教师教学服务，又有利于教师个人自我更新资源的存储以及教师间的交流互动，解决了生产性问题和技术问题。共享方式有以下四种[①]：

1. 以网络为渠道组织资源

当今是互联网＋时代，我们的网络四通八达，网络传送资源方便快捷，电脑和智能手机的普及给我们移动学习创造了相对成熟的信息共享环境。

2. 分层满足教学需求

上一级数字教育资源的管理部门需将上传到资源库的资源分层分类发布。资源能基本满足教师的教和学生课堂的学；能给学有余力的学生提供高于课堂学习的拓展空间以及方便教师再次生成资源，能使师生的潜能得到最大限度的发挥。

3. 及时更新收集资源

数字教育资源为教学服务，教学过程是由"五依据"预设的，课程内容

[①] 陈婉婷. 数字教育资源在教学点有效应用与管理的研究［D］. 南宁：广西师范大学，2018.

因不同时期的教材而不一样，教学目标的设定也有所不同，教学对象不同时期的学习心理、生理不尽相同，不同教师自身能力也不一样，教学点的教学条件也在不断完善，因此，如果发现某些数字教育资源已经不适合教学的需要就要及时更新，保持资源网的活力，才能激发教师和学生的使用热情，才能很好地为农村教学点的教师以及学生所使用。

4. 提倡校际、区域之间共享资源

在调查过程中发现，由于校与校、学区与学区之间，甚至教师之间都存在着各种竞争，目前数字教学和学习资源共享观念还比较保守，因为对于再开发生成的资源很难做到共享。有以下三点原因：一是知识产权；二是资源的流失和损坏；三是教学资源价值的实现。关于知识产权的保护，我们可以给自己的数字资源设计标志性的水印标志，须签订保护协议，才能实现个人共享或校际共享。对于资源的流失和损坏，可以设立个人保存和学校保存多个保存渠道。对于教学资源价值的实现，可以开发和建设优质教学资源的教师或团体，给予适当的奖励和表彰。校际资源共享，可以按一定的标准提供相应的报酬，当然这报酬可以是金钱，也可以是其他资源。

工具索引

上述案例中，在进行教育资源管理的时候，利用到的工具主要有适合学生使用和分享的云平台和教师在进行教学研究和学校各项活动及日常工作时用到的网盘、资源管理器。下面将对常用的教育资源管理工具分别进行介绍。

1. 网盘

网盘，又称网络 U 盘、网络硬盘，是由互联网公司推出的在线存储服务。服务器机房为用户划分一定的磁盘空间，为用户免费或收费提供文件的存储、访问、备份、共享等文件管理等功能，并且拥有高级的世界各地的容灾备份。

用户可以把网盘看成一个放在网络上的硬盘或 U 盘,不管你是在家中、单位还是其他任何地方,只要你连接到因特网,就可以管理、编辑网盘里的文件。不需要随身携带,更不怕丢失。

常用的网盘有百度网盘、腾讯微云、城际通等。百度网盘是国内一家独大的网盘,凭借着免费且超大的存储容量,拥有大量的使用者和相当丰富的资源。2T 的存储容量可以基本满足我们日常工作的需要。百度网盘拥有客户端、App、网页端三种登录形式,可以满足不同应用场景的需求,并且支持以网盘形式进行分享。同时在百度网盘 App 中的发现页中,我们也可以浏览到很多优秀的共享资源。这些资源往往是在百度搜索中难以被发现和下载的。

腾讯微云是另一个使用较广泛的网盘软件,由于它与 QQ 的关联性较强,大量的 QQ 用户促成了腾讯微云的使用人群,腾讯微云的上传和下载速度较百度网盘稍有提升,但由于它给定的免费空间只有 10G,可以作为临时网盘使用。

2. 资源检索工具 Listary

Windows 自带的查找功能速度极慢,检索的效率很低,当电脑中的教育资源数量较多时,用资源检索工具 Listary 查找和使用资源,能有效解决这一问题。它可以为电脑增加许多快捷功能,在电脑中快速找到你想找到的资源。

Listary 使用方法:

(1) 下载安装好 Listary 后,设置好快捷键和使用习惯。

(2) 应用时,使用快捷键打开软件,输入要搜索的内容,即可快速找到所需资源。

与 Listary 相类似的软件还有 everything,二者使用方法和功能基本相同。

3. 资源管理器

"资源管理器"是 Windows 系统提供的资源管理工具,我们可以用它查看本台电脑的所有资源,特别是它提供的树形的文件系统结构,使我们能更清楚、更直观地看到电脑硬盘中多级分类的内容。

存储方法：

（1）在电脑中打开"资源管理器"，选择相应盘符，如 D 盘或 E 盘。

（2）选择菜单项"文件"—"新建"—"文件夹"。

（3）新建文件夹后，在弹出的快捷菜单中选择"重命名"，输入新的名称后按回车键。

查找方法：在电脑中打开"资源管理器"，使用快捷键 Alt＋P，将资源管理器分为三栏，其中左侧方便我们查找文件的位置，中间为文件的列表，右侧一栏为文件预览。Windows7 以上的系统具有强大的预览功能，不仅支持图片预览，还支持 PPT 文档、word 文档以及音乐文件等的预览，更加方便我们查找文件。

第四章
多媒体环境下的学法指导

随着科技的进步，多媒体环境下的教学已成为当今教学领域的热点。多媒体环境下的教学是指在教学过程中，根据教学目标和教学对象的特点，通过教学设计，合理选择和运用现代教学媒体，并与传统教学手段有机组合，共同参与教学全过程，以多种媒体信息作用于学生，形成合理的教学过程结构，收到最优化的教学效果。作为一名新时代的教师，如果能够熟悉现代化教学手段的理论和操作技能，并能依据教学大纲的要求，从学生的实际出发合理选择现代化教学媒体，且使之与传统的教学媒体合理结合，就能够极大地丰富课堂教学，促进学生对知识的理解和记忆，培养学生的各种能力，提高学生的素质，大大提升教学效果。

第一节 技术支持下的课堂导入

林老师是一位有着几十年教学经验的语文教师，对待教学严谨认真。今天他讲授的是人教部编版八年级下册的《安塞腰鼓》一课。考虑到安塞腰鼓是一种区域性的乐器，学生并不熟悉，在导入环节，林老师特意一改往日由字词预习导入的形式，准备了许多有关安塞腰鼓表演场面的挂图，还借来了一个腰鼓模型让学生观察。林老师对安塞腰鼓的表演场面进行了详尽的介绍，并利用以上教具配合展示。然而学生反响平平，似乎未感受到林老师所描述的安塞腰鼓的壮阔场面和磅礴气势。在问及对"安塞腰鼓"的感受时，有几个学生却将思考重点放在了林老师准备的腰鼓模型样式上。林老师用心准备的导入环节效果并不佳，课上出现了学生兴趣缺失、注意力偏移、教师"一言堂"等问题。

问题剖析

随着社会的发展，尤其是信息技术的发展，传统的教学模式已经不能满足当今的课堂教学，教育教学领域改革成为必然趋势。20 世纪 90 年代以来，以多媒体技术和网络技术为核心的信息技术的广泛应用，成为变革传统教学手段和学习方式乃至整个新课程与教学改革的突破口[①]。信息技术应用于课堂教学已是必然趋势，然而在实际课堂教学中，尤其是导入教学阶段使用信息

---

① 张勇.信息技术与化学课程整合的信息化教学设计研究 [D].成都：四川师范大学，2005：4.

技术不足。目前信息技术支持的课堂导入还存在一些问题：

一、方法单调，学生学习参与度不高

教师运用课堂导入技能，可以激发学生的学习兴趣。常用的课堂导入方式包括故事导入、谜语导入、游戏导入、歌曲导入、表演导入等，这些导入方式都能很好地吸引学生的注意力。授课时，教师要根据教材内容和学生可接受的程度，采用不同的导入法，不能生搬硬套，要灵活机动。

如果课堂导入的设计不能激发学生的兴趣，那么课堂导入的环节就失去了它该有的意义。要合理利用多媒体教学环境，在课堂导入环节，巧妙的多媒体材料的运用能直观地、多角度地将文字、图像、动画、视频、音频等融于一体，赋予课堂教学新的活力，使导入的材料更富趣味性，更加形象具体，激发学生强烈的求知欲和参与意识。

部分教师习惯于一些固有套路的导入方式，缺乏人文性与艺术性，使学生感到枯燥乏味，激发不起学生的学习兴趣，不能收到理想的教学效果。上述案例中，课堂导入环节不能充分地激发学生的学习兴趣，通过观察发现，老师的课堂导入方式比较单一。虽然林老师一改往日检查预习、认读字词导入方式，但以挂画的模式展现安塞腰鼓表演的壮阔场面和磅礴气势依然不够充分和生动。林老师虽然在导入环节做了充分的准备，但是效率低下。

二、目标缺失，学生思考方向发生偏离

课堂导入要"准"，课堂导入要有目的性和针对性。导入环节不论是所用的素材还是所提出的问题，都要针对教学内容来设计，不能游离在教学内容之外。课堂导入的功能除了提高学生的兴趣和求知欲外，还要具备很强的导向性，为后续的教学设置悬念，做好铺垫，必须与后面的教学内容密切联系。因此，导入的目的性要明确，做到不蔓不枝，素材和内容的安排要合理，教师的适时发问也要设法限制学生对于素材或内容的过度发散。

在上述案例中，林老师的设计初衷是希望学生能够借助挂图和腰鼓的模

型，配合他的描述来想象安塞腰鼓的演出盛况，但是这样的导入方式并没有形成有力的视听冲击，帮助学生更深刻地理解文章，反而使一部分学生的注意力开始放在腰鼓的样式上，导致了学生思考的内容偏离了本节课的教学目标。如此会导致课堂迟迟不能切入正题，无端浪费了宝贵的教学时间。

三、缺少互动，教师角色定位不准确

课程标准强调教师要转变陈旧的教学观和学生观，教学应该采取以学生为主体、教师为主导的教学方式。角色的转变并不意味着将课堂的导入环节全部"放手"，而是要想办法让学生在宽松和谐而又产生愤悱之情和阅读急迫感的教学氛围中去主动学习、自主探究。

不可否认，传统教学也能体现学生的主体性，然而现代信息技术下的阅读教学更胜一筹。以往教学采用的图片教材、录音教材、文字教材等限制了学生的思考能力、联想和想象能力的发挥，而多媒体环境下的多媒体教学不仅有利于激发学生们的积极性、张扬个性，加快个体进入文本获取知识的速度，还可以根据教学内容呈现教学情境，使教学过程变得生动、形象、活泼，从而引起学生的学习兴趣和注意，调动学生的观察力和想象力，加强学生的学习印象；同时，可以培养学生根据具体内容进行自主思考的能力和习惯。将教师的"教"与学生的"学"有机结合，为教学创设互动、和谐的教学模式，从而实现师生、生生互动，充分体现学生的主体地位。

上述案例中，林老师在进行课堂导入时，一直在靠自己的口述带领学生们进行想象与思考，仍然跟以往一样扮演着讲解者和知识传授者的角色，占据着导入环节中的主体地位。在导入环节，林老师与学生仍然缺乏互动，缺少学生主动性的参与，也就导致了一部分学生的注意力退出课堂，即开始溜号。

解决策略

良好的开头是成功的一半。课堂导入得好，不仅能吸引住学生，唤起学

生的求知欲望，而且能点燃学生智慧的火花，使学生积极思维、勇于探索，主动地去获取知识。反之，学生很难马上进入角色，学习不会积极主动，教学就收不到预期的效果。因此，在课堂教学中，一定要重视教学伊始的导入艺术。运用多媒体，不仅能优化新课的导入，而且能收到事半功倍的效果。

一、导入教学的内涵

课堂教学包括很多个环节，其中导入教学是首要环节，虽然只有简短的3～5分钟，但是它承载着激发学生学习兴趣的重要任务，只有激起学生的学习兴趣，才能让学生更好地学习整节课的知识。而目前常态课堂上，使用的导入教学则是老一套的复习导入或是直接引题，学生对这种方法已经失去兴趣，而对不时出现的信息技术导入则兴趣浓厚，教师应该发展可以激起学生兴趣的导入方法，精心设计导入环节，为整节课堂的顺利进行埋下伏笔。有效的导入教学是课堂教学的催化剂，是有效教学的起点，不仅可以使师生建立情感、彼此信任，达到心理上的契合，顺利地过渡到课程的讲授阶段，为教学中其他环节的研究起到铺垫作用，还可以促进教学整体的研究。

导入教学是在课前或课中呈现新知识点进行教学时，教师引导学生学习的一种行为方式。不管是在课程的伊始阶段，还是在课中某个新知识点的学习或转折和衔接处，只要在是新的教学内容开始前，都可以进行导入教学。教师应依据教学内容和目标，学生的年龄特征、心理需求、已有认知情况，在导入教学阶段灵活多变，自然流畅地把学生吸引到特定的教学任务中，激发学生的学习兴趣，明确学习目的，建立知识间的联系，做到有针对性、启发性、趣味性和语言表述的艺术性[①]，还要加强情感交流，使学生参与教学、主动学习，进而提高教学效率。

二、信息技术支持的导入教学内涵

导入教学的主要任务是吸引学生注意力，激发学生学习兴趣，启发学生

---

① 李亚新. 浅谈化学教学中导入技能的应用 [J]. 蒙自师范高等专科学校学报，1999，1 (02)：57—59.

的内部学习动机，使学生以较好的状态进入课堂学习。对于导入教学的设计，我们需要思考的是拿什么来吸引，怎么做能激发。在"怎么做"的过程中，信息技术手段的加入则为导入教学设计增添了丰富的元素，如此便更能实现导入教学的功能和教学赋予课堂的责任。

课堂导入是形成有效教学的关键。课堂导入教学实施的成功直接关系到整个教学的顺利实施。在教学实施过程中，学生通过教学媒体接收教师传递的信息并形成自我认知。以此可见，教学媒体在教与学过程中的重要性。信息技术有利于加强师生情感交流，促进学生自主学习，是教学媒体中能够体现自主性、交互性、资源共享等功能最强大的媒体手段。利用信息技术手段辅助导入教学组织实施，可以使教学方法更加灵活，使教师的教和学生的学达到最优化，进而实现有效教学[①]。

多媒体环境下的课程导入是信息技术与教育深度融合发展的体现，是"互联网＋教育"的产物，也是未来教育的发展趋势。教师在多媒体环境下开展教学，只有合理创设问题情境，设计灵活开放的导学问题，建立学生主体课堂，加强对信息技术的利用，才能激发学生的学习兴趣，提高学生的自主学习能力，培养学生的核心素养。

三、信息技术支持的有效课堂导入

虽然利用现代信息技术制作的课件上增加了许多欣赏性或诱导性的内容，起到了一定的作用，但是有的导入则显得遍地开花而缺少明确的目标指向，经常出现简单罗列和文不对题的现象，有的利用信息技术在导入阶段过分渲染，结果造成头重脚轻，本末倒置。这些现象表明，在使用信息技术时，只注重"是否用"，而不注重"用得是否好"。长此下去，会打击学生学习的积极性和热情，也不符合新课程对信息技术应用的教学理念。所以要在"合则用，不乱用"的基础上精心地设计导入教学。

---

① 霍晓俊. 信息技术引入初中化学课堂导入教学的有效性研究［D］. 石家庄：河北师范大学，2013.

林老师的课堂导入方式虽然已经做出了一些改变，但还远远不够。信息技术引入课堂教学是实现教育现代化的一个重要内容，信息技术支持的课堂导入，利用多媒体辅助教学能创设逼真的教学环境，充分调动学生的积极性，同时利用多媒体图、文、声、像、影并茂的特点，能把教学中比较深奥的知识，通过形象生动的画面、声像同步的情境、言简意赅的解说、悦耳动听的音乐、及时有效的反馈，教授给学生，培养学生的观察能力和思维能力，为学生创新意识和探索精神的培养提供良好的环境。具体可以提供给老师的解决策略如下：

1. 在学生认知生活环境下，创设导入媒体情境

课堂教学中信息技术导入，应紧密结合学生的生活环境及身心发展的规律和特点，有针对性地从学生接受心理水平出发，遵循导入的适应性原则。

《安塞腰鼓》这种艺术形式，对学生来说，既熟悉又陌生，熟悉的是腰鼓表演，陌生的是作者的思想感情以及传达这种感情的手段，因而要发挥学生的主动探究意识。从历史的角度欣赏语文，从文化的氛围走进情感殿堂，深刻领会作者的写作意图。林老师应该改变传统的教学方法——教师讲，学生听，被动地传授语文信息。科学发展到今天，我们有条件利用现代信息技术，使其成为整合教学手段的有利条件。在阅读文章前，先通过观赏一段安塞腰鼓的表演视频，直观领略西部人民的壮志豪情，使学生在形象美、听觉爽的课堂氛围中，滋润学生的感情世界，调动学生的思维激情，提高教学的水平。通过多媒体创设情景，从感官上调动同学积极参与、自主探索的兴趣，引导学生加深对这一民间文化的了解和感悟，创设新颖而和谐活泼的教学情境，使学生在美的享受中获得知识，从不同角度扩大教学容量，强化教学信息。

2. 在知识迁移的目标下，设计有针对性的导课素材

教学目标是教学过程的出发点和归宿，信息媒体导入的内容和形式紧紧围绕教学目标展开，并且要在课中导入能够持续吸引学生的注意指向，使学生注意力稳定，强化学生感知态度，唤醒、激励和鼓舞学生参与教学活动，

主动想象，针对新知识重新建构。

因此，教师在遵循新颖性原则，追求设计一个新、奇、异的有趣的学习情境的同时，要蕴含或指明后来教学的方向与走势，不可因兴趣而离题，自始至终要遵循导入的内容和形式与教学目标相联系的原则，引起学生注意，启发学生思考，实现知识的迁移，或激发学生想象，再运用语言表达自己的感受和理解，实现知识与能力的升华。

以案例中的《安塞腰鼓》一课为例，若林老师呈现给学生的不是一面腰鼓模型，而是安塞腰鼓的影像资料，受到动态素材的感染，学生进入情境，在此基础上再让学生谈一谈这段素材带给自己的感官体验，进而就实现了由感性认识向理性认识的升华。此时在学生探究讨论的基础上，对于本节课的新知进行思维迁移训练。通过课堂互动工具导入信息媒体问题情境，生成互动的动态情境，学生在新颖互动的语境中，识别、思考，主动想象，运用语言表达自己的想法和见解，通过情感体验，实现知识的迁移与重构。

3. 在学生主体的前提下，营造有互动性的环境氛围

在多媒体环境下的课堂导入中，应避免出现教师讲授的内容过长、兴趣分散的问题。同时导入的内容要让学生有较高的参与性，紧紧地吸引学生的注意力，使学生产生对学习内容的求知欲，积极思考。

说起课堂导入环节，似乎就是教师的事。授课教师事先布好"局"，引导学生往"局里钻"。教师采用这种导入方式，学生被动地接受知识，对于新知求知欲望不强。如何改变这种现象？教师可以把部分课堂导入还给学生，由学生导入新课。但是学生缺乏对新知的生活经验和原认知，这时教师可以把课堂导入延伸到课外，完成课前收集资料活动。学生参加课外实践活动和课前探究活动，由活动产生新的生活经验、新的困惑、新的表现欲望，带着问题和学习的需要走入课堂。

如今是知识大爆炸时代，信息来源越来越多，学生可以通过网络、书籍、他人生活经验等多种渠道获得相应的资料。学生在搜集资料时，会接触多种

信息，新知即可以建构在这样的原认知基础上。另外，在全体学生面前的展示，还能够满足学生的认可感与欣赏感的需要。

样例展示

本案例来自朱老师的基于情境式课堂教学模式的数学课，所教内容是北京师范大学出版社的《数学》四年级下册第五单元第一节《用字母表示数》。仅为教师提供参考。具体分析流程如下：

1. 多媒体环境下设计课堂导入的目的

在本案例中，利用多媒体进行课程导入的目的如下：

（1）利用交互式电子白板，方便教学过程中的演示和讲解。

（2）安排情境导入中的视频和图片，探究新知中的动态演示，极大地调动了学生的学习积极性，让学生体会用字母表示数的意义，初步建立符号感，并且符合学生的年龄特点和认知水平。

（3）利用课堂互动工具，将"小组合作与竞赛"的氛围贯串于导课过程中，让学生在游戏与竞赛中更好地展开教学，激发学生的求知欲和好奇心，体会小组合作与交流的快乐，培养热爱实践、勇于探索创新的精神。

2. 教学主题

本案例为一节小学四年级的数学课，在知识技能方面，本节课是在学生对数的认识已扩充为有理数的基础上，从研究数及其运算过渡到用符号表示数、数量关系，从研究常量到研究数量的变化过程，是学生下一步学习方程和函数的基础，对学生的数学思维来说，是由简单到复杂、从具体到抽象、从静止到动态认识数学的一次飞跃，是用符号进行数学表达和数学思考的重要形式。

"用字母表示数"这部分内容对于学生建立符号意识、模型思想，理解数学的本质和价值，有着十分重要的意义。主要内容包括通过具体的情境理解用字母表示数的意义，并能够正确规范地用字母表达数量关系。

3．教学对象

本案例中的教学对象是小学四年级学生。教学班级共33名学生，平均年龄10.5岁。该校在各班均配备了交互式白板并安装了网络，教师经常用多媒体进行授课，能够很好地掌握其中的技术设备并熟练操作。该班学生对课上常用的多媒体工具非常熟悉，可以较好地实现融合信息技术的课堂教学活动。

4．教学重点

本案例的教学重点是让学生感受和发现用字母表示数的意义和方法，并能正确、合理和灵活地运用含有字母的式子表示数和数量关系，解决生活中简单的实际问题。

5．教学难点

本案例的教学难点在于使学生正确理解用字母表示数的意义，除了能正确、合理和灵活地用含有字母的式子表示数量及关系，还要拓展数学思维和能力。在教学中要注意与小学相关内容的衔接，加强与实际的联系；运用类比思想加强知识的内存联系，重视数学思想方法的渗透。

本课力求通过多媒体环境下的一系列导入活动，营造学生自主探究的氛围，培养学生发现规律，加强对学生数学应用意识和解决实际问题能力的培养。

6．工具与方法

为了收到更有效的导学效果，朱老师在导入环节设置了三个活动。为了让学生更快地进入学习状态，首先进行游戏，对课堂预热。通过交互式白板播放背景图与音乐，营造氛围。学生根据教师说的字母口令举起左右手。这样很快就调动起了学生的热情，与教师合作较好。之后，教师利用交互式白板播放PPT演示文稿，出示生活中常见的被赋予含义的英文字母图片（如：CCTV、NBA、KFC……），让学生进一步感受给字母赋予含义的实例就在身边，建立符号感。学生畅所欲言，回忆出示的字母在哪些地方遇到过，分别代表什么含义。最后，利用交互式白板播放数青蛙歌谣的flash动画（1只青蛙 1 张嘴, 2 只眼睛 4 条腿, 扑通一声跳下水……a 只青蛙……), 让学生跟着音乐一起唱。教师再通过互动课堂工具, 进行小组评比, 让学生在感受其中的数量关系的同时形成竞争意识。

【样例评析】

一、精心设计素材, 将信息技术与数学教学有效结合

由符号(图标)所表示的实际意义导入, 学生体验到符号(图标)表示实际意义的简明性和一般性, 且为下面字母表示数的作用提供类比的对象。信息技术与数学教学相结合, 使数学课堂教学显得更加有趣, 也更加有效; 使学生掌握知识的过程更加简单, 耗时更短。

在数学课教学与信息技术融合设计的过程中, 朱老师力求做到认真研究教学软件, 认真研究学生学情, 认真研究教学内容, 巧妙设计教学任务, 精心设计课堂教学活动, 借助技术引导学生建立符号感。在教学实践中, 我们看到, 在课堂教学与信息技术相结合的过程中, 朱老师将图形和文字配合在一起, 正确表示课件的内容, 大大增强了课件的渲染力, 增强了演示效果。

二、创设问题情境, 激发学生的直接学习兴趣

以一首富有童趣的儿歌作为问题的情境, 既可以活跃课堂气氛, 引发学生的学习兴趣, 又可以让学生体会到现实生活的规律性以及用字母表示数的简明性和一般性。

兴趣是最好的老师, 我们看到, 在信息技术与数学课完美结合的教学案例中, 朱老师采取了精彩的动画导入方式。上课伊始, 学生就能够以极大的兴趣投入到课堂教学中去。朱老师利用交互式白板播放数青蛙歌谣的 flash 动画, 让学生跟着音乐一起唱, 并结合小组评比的活动设计, 保证了学生整节课的教学情绪, 从而促进了课堂教学效率的提高。

三、坚持以学生为主体, 有效引导学生参与教学互动

在教学设计上, 学生是学习的主人, 在信息技术与学科教学融合的过程中，教师应该充分考虑学生的实际水平和接受能力。在课堂教学中，教师要凸显学生的主体地位，同时，在制作课件的过程中也要凸显学生的主体地位，不能从以知识为中心转变为以信息技术为中心，课件制作力求简单，具有引导性，而不是知识和例题的堆砌。

在教师备课过程中和制作信息技术课件过程中要突出以学生为中心，注重学生个体，即在课堂活动的安排和制作课件的过程中，充分考虑学生的学习兴趣。在制作课件的过程中，教师要突出学生课堂互动的过程，要在制作中凸显学生展示环节。我们看到，在这些完美的信息技术与数学教学相结合的课堂教学中，虽然所制作的课件只有六到七页，并不是很多，但能够有效引导学生的课堂教学，能够有效引导学生的课堂互动和提升互助合作解决问题的能力。

工具索引

在上述案例中，进行课堂导入环节，利用到的工具主要有 PowerPoint 演示文稿（PPT）和课堂在线交互工具——互动课堂。下面将对上述两种工具分别进行介绍。

1. 演示型课件工具——PowerPoint

PowerPoint 简称 "PPT"，亦称演示文稿、简报，是一种由文字、图片、声音等制作出来，加上一些特效动态显示效果的可播放文件。它是可以利用包括微软公司的 Microsoft Office 的 PowerPoint、金山公司的 WPS Office 套件中的 WPS 演示文稿等办公软件制作出来的一种文件，主要的格式有 ppt、pptx、pdf 或图片格式等。简单说来，就是在做演讲的时候放给观众看的一种图文并茂的文件。在本案例中，是用来更加直观地阐述教师和学生的观点，使听众更加容易理解的辅助工具。以微软公司的 Microsoft Office 的 PowerPoint 为例，使用方法为打开软件，将本案例中的文字、图片等插入到幻灯片空白页中，并设置好字体、字号和背景颜色，使其醒目、丰富、美观，可以提供极好的演示效果，以辅助进行本案例的主题活动。

（1）在 PPT 内插入图片的方法

在电脑中保存图片，要在这些图片中选择一张或几张插入 PPT 中。

方法一：切换到"插入"选项卡，点击图像选项组的"图片"，弹出"插入图片"对话框，利用"插入图片"的对话框去寻找本机上的图片，选中需要的图片后点击"插入"。

方法二：拖拽。不用"插入"选项，打开图片所在的文件夹，把它的窗口和 PPT 的窗口都缩小，同时并排在电脑屏幕上。按住鼠标左键，把需要的图片拖入幻灯片编辑区。

方法三：打开图片所在文件夹，直接复制图片，粘贴到相应的幻灯片中，按照需要调整图片大小。

（2）在 PPT 内插入音频和视频的方法

插入声音

PowerPoint 可以插入剪辑库中的声音，也可以插入文件中的声音。打开我们需要插入音频文件的幻灯片，找到幻灯片上方工具栏中的插入选项，然后在插入选项卡下方的子选项中找到音频选项。点击插入音频，我们会看到系统弹出一个对话框，这时候我们需要找到想要放置的音频文件所在的位置，点击选中音频文件，然后点击"插入"按钮。插入声音之后，会显示一个图标，可以改变图标的大小，可以设置幻灯片放映按钮，鼠标点击可以播放声音，可以通过"动作设置"命令选项来设置声音的自动播放。

插入视频

在 PowerPoint 中单击"插入"标签，点"影片/文件中的影片"，打开"插入影片对话框"，选择影片文件，点"确定"按钮，插入的第一帧影片出现在幻灯片中，选中该视频，可对播放画面大小自由缩放。PowerPoint 提供了两种播放方式，一种是放映时自动播放，一种是放映时单击播放，教师可按需选用。PowerPoint 播放影片时，可随时单击鼠标暂停和重放，这对于上课来说非常方便。可以调整视频播放窗口的大小。

（3）在 PPT 内插入 Flash 动画

Flash 课件动画不仅能吸引课堂环境中学生的注意力，而且能展示一些教学实验，具有良好的互动优势。根据以往的教学方法，学生很难获得直观的理解。通过制作 flash 动画，可以全面演示实验原理和反应过程，使学生通过声音和画面的结合，了解教学内容。在 PowerPoint 中可以插入 Flash，步骤是：从"视图""工具栏"中打开"控件工具箱"→点击"其它控件"→找到"Shockwave Flash Object"项→在页面上点击"画一个框"→右击此框→选"属性"→点击"自定义"后的"…"→在出现的对话框中填入"影片 URL"→确定→调整 Flash 的大小和位置→OK。

2. 课堂交互工具——互动课堂

全国教育资源公共服务平台天喻教育"教学助手"工具下的"互动课堂"应用，实现了课堂与信息技术融合的交互作用。在课堂应用中，有很多互动评价、移动讲台及学科小工具，极大地调动了学生的积极性和参与度，提高了课堂效率。教师可通过学校获得账号或自主注册，在"班级"功能中创建教学班，添加学生账号后便可以进行线上班级管理与课堂互动。上述课例中的朱老师就是在班级的交互式白板上登录使用互动课堂，通过下方"工具栏"中的"荣誉榜"功能便可实现小组评分的功能，有效活跃课堂氛围，提升教学效率。点击"工具栏"，老师还可以选择画笔、聚光灯、高拍仪、屏幕截图、录屏、计时器等工具，为课堂教学提供更多的多媒体支持。

3. 虚拟展示——VR

VR 是使用眼镜或网页的形式，展示真实的场景或内容，让人如同来到真实的场景。我们可以利用网上大量的 VR 资源激发学生学习的兴趣，达到引入情境的目的。

下边几个网站只是其中的一部分：

（1）数字敦煌：https：//www. e-dunhuang. com/

（2）网展：https：//www. expoon. com/pano/lvyou/bowuguan/（汇集了100多个博物馆和景点的3D或VR网站展馆）

（3）百度百科——博物馆计划：https：//baike. baidu. com/museum/（300余博物馆展品）

（4）Time Machine Art 3D Museum：http：//www. 360artshow. com/

（5）中国国家博物馆数字展厅：http：//www. chnmuseum. cn/portals/0/web/vr/

第二节　技术支持下的课堂讲授

案例启思

　　人教版四年级上册《角的度量》这一课知识与技能的目标是认识量角器的构造，知道读量角器度数的方法，并会用量角器正确地度量角。周老师采用传统的教学方法，首先在黑板上出示两个大小不一样的角，让学生观察角的大小。这样的直接导入中规中矩，但是无法抓住学生的眼球，不能创造有趣的学习情境，引导学生快速进入学习状态。在新授部分，周老师拿着量角器细致地讲解并且板书量角器的各部分名称。周老师拿的是标准的教具量角器，可是坐在教室中间和后面的学生基本上看不清周老师手里的量角器的细节部分，比如量角器的中心点、量角器上的小格。周老师讲解过量角器后，在黑板上演示如何用量角器测量角。整节课就在周老师的演示、学生的仿照中交替进行。虽然整节课也按照计划完成了教学任务，但是由于缺少学生学习知识的热情和积极性，所以课堂很沉闷。

问题剖析

上述课堂尽管运用了信息技术和先进的数码产品，但教师的教学理念还只是停留在传统教学的逻辑中，从而导致信息技术无法发挥应有的作用。由此可见，实现信息技术与课程的整合取决于教师的学科观念、教学理念和对现代化教育技术的认识[①]。目前，课堂教学中使用信息技术还存在一些问题：

一、教学手段单一，不利于提高教学效率

在信息化迅速发展的新时代，随着教学总内容的增多，单科的教学时数在压缩。在有限的时间内，不仅要完成教学内容，还要夯实重点，突破教学难点，这就需要教师向课堂要时间，要提高教学效率。

周老师在课堂上一边让学生观察量角器，一边给学生演示，还要让学生反馈所学知识，以检查学生的掌握情况，这样就大大占用了课堂教学时间。这种需要教师向学生演示的课型，教师需要边讲解，边演示，边板书，这样就分散了学生的注意力，不能使学生在有效的时间内掌握知识并且扩大所掌握知识的容量。

二、教学工具简单，不利于知识点直观呈现

在本案例中，周老师只使用了一个量角器给学生讲解，其实学生根本就不明白为什么量长度的尺是直的，而量角的尺子却是半圆的，这其中有什么原因，教师也完全没有给学生机会去想这个问题。这个原理的呈现是在课堂上靠教师的演示无法做到的或者没有时间做到的。这样就阻碍了学生对知识点更深入地理解和掌握。由于有了这一缺失，在演示如何测量角的度数时，学生就会出现问题，还会因为量角器的材质和教师在画角时粉笔的粗细等人为的原因而影响学生观看教师演示的效果。所以这种传统的教学讲解和演示

---

① 钱宁.信息技术与数学课程整合的核心是"理念"：由两节展示课引发的思考［J］.中学数学教学参考，2015（6）.

会使很多教学内容无法直观地呈现在学生面前。

三、教学形式单调，不利于激发学生学习兴趣

意大利教育家蒙台梭利曾说：最好的学习方法就是让孩子聚精会神学习的方法。对于小学生来说，他们的注意力完全集中的时间大约在20分钟左右。要想让学生能够聚精会神地学习，不能仅靠学生的意志力做支撑，更多的是要靠学生的兴趣做支撑。

案例中，周老师这种单调的教学形式不利于激发学生的学习兴趣。意志力强的学生能多认真听一会儿，意志力薄弱的学生"人在曹营心在汉"，变成了课堂的观光者。

解决策略

多媒体技术在数学课堂中的应用，使原本沉闷、枯燥的数学课堂变得有活力。在多媒体技术环境下，数学是直观与抽象的结合、思维与感知的结合。数学不再是乏味的，而是美丽、生动、具体的[1]。学生在课堂上能够高效地学习，在突出教学重点、难点的同时，可以锻炼学生的思维能力，使学生享受优质的课堂教学。

一、多媒体技术支持下的课堂讲授

学校教育当中课堂教学所占的比重之大是毋庸置疑的，教师要通过课堂这个阵地向学生传授知识。课堂教学中，教师如何去讲授知识，如何把知识很清晰地呈现在学生面前，是每一名教师一直在思考的问题。多媒体技术可以把大量的动画、视频资料引入课堂，拓展学生知识的容量。更重要的是，能把教师在课堂上无法做到或者没时间做到的事情通过多媒体技术展示出来，提高课堂教学效率，也使学生能够更好地理解知识，进行深

---

[1] 王琳."有效引导策略"在小学数学教学中的应用［J］.读写算（教师版）：素质教育论坛，2017（27）：174.

入学习。

使用多媒体技术进行教学时，教师的作用很关键，他需要寻找学科与多媒体技术整合的切入点，并且在恰当的时间介入学生的学习过程中进行必要的指导，通过提问引导学生向更深的方面思考。因此未来的教师必须处理好这样的情况，即信息技术加深了知识并且引领学生提出更具有挑战性的问题[1]。

二、多媒体技术支持下的应用价值

在多媒体技术的支持下，课堂教学的数据可以即时地、直接地、全方面地呈现在课堂教学之中，让数据可以不间断地、无时无刻地运用在课堂教学的互动中，课堂教学数据逐步成为课堂教学互动中的媒介，这就将传统教学中课堂教学的交互方式在很大程度上进行了革新，与之前有所不同的课堂教学的形态产生了，促使新时代的课堂教学发生改变和优化。

1. 课堂数据工具应用，助力课堂高效

课堂教学形态的改变是课堂教学交互方式进行变革的关键环节。多媒体技术在课堂中基于数据的课堂教学应用，使课堂教学进行了变革和优化。课堂数据工具的应用使得教学活动可以实现完全实时、实地地展开。与网络平台的交互相对比，教师想要在课堂教学过程中了解到学生的学习情况可以运用课堂交互数据，但是在教学的评价反馈上仍然不能做到完全的实时，会存在一些延迟，这就会导致学生与知识之间、学生与同伴之间、学生与自身知识的交互中存在一定的延迟，不能做到完全同步。运用课堂数据工具，在课堂上能让教师更准确地掌握学生的学习情况，运用课堂应答工具，能够更好地了解学生对于教师讲授和提问的某一个知识点的掌握情况，减少课堂上的时间浪费，尽可能地提升教学效率[2]。

① COLETTE LABORDE. Why Technology is Indispensable Today in the Teaching and Learning of Mathematics? [R]. Contribution to the T3 World—Wide Conference in Tokyo —6—8 August. 2000.
② 康苗苗. 基于信息技术支持的课堂教学行为量化研究 [D]. 乌鲁木齐：新疆师范大学，2020.

2. 隐私化提问交流，减轻学生负担

多媒体技术应用可以设置交互的透明度，不仅要对学生有充分的尊重，还要体现出课堂教学交互的交互自由。在传统的课堂教学过程中，教学呈现出"大锅饭"模式，教师很难有针对性地进行指导和教学，运用隐匿的方式对某些存在困难的学生给予提示和讲解。在传统课堂教学的公共大环境下难以做到公开透明，对于学生的自尊心会造成一定的影响。在教学中运用课堂教学数据工具能够让教师与学生之间进行交互，借助于技术及时反馈存在的问题。同时对于隐匿的学生问题，教师也可以隐匿地进行回复，而不用将信息公开，能使学生的自尊心得到充分的保护，从而大大提升学生与教师之间交互的有效性，让老师更加清楚地了解学生的问题，学生也能够更无负担地表达自己真实的学习问题和学习情况，对于教学来说十分有利。

3. 可视化学生整体，形成教学良性循环

课堂教学的数据化交互工具，不仅能使课堂的互动面向全体学生，还能面向个体学生，可以将所有学生的行为信息显示在同一个界面中，教师能够运用可视化的方式了解每个学生的情况，以及一个班学生的整体情况。与传统课堂教学中的交互与评价反馈不同的是，这种数据化的教学互动工具，能够将每一次交互情况的数据和学生的每一次评价与反馈记录下来，有充分的数据支持教师在课后更好地进行教学的总结与反思，在促使课堂教学更优化的同时，有助于教学在面向个体学生和全体学生中形成良性循环。

三、多媒体技术介入策略

经过对周老师这节课存在问题的剖析，提出如下解决策略：

1. 善用多媒体技术，创设教学情境，激发学生学习兴趣

身处智能时代，学生的生活经验无法与技术使用脱离，这就要求教学内容与学生的实际生活紧密联系，以确保教学内容的有效性，能够充分激发学生的学习兴趣。从生活中找到触发新概念形成的知识背景（知识发生的"原点"），然后将教材中的问题融入这个原型，用生活在数学知识和学生之间架

起一座沟通的桥梁。

多媒体技术就是这样一座桥梁。多媒体技术可以用图画、视频、声音等等多种形式吸引学生的注意力。古希腊哲学家亚里士多德认为，"思维从问题、惊讶开始"。多媒体技术不仅在课堂的导入部分能立刻把学生带入学习情境，而且在整节课的学习中也能牢牢地吸引学生的注意力。善于应用多媒体技术，创设多种多样的教学情境，使课堂学习更加生动活泼。

2. 巧用多媒体技术，呈现教学内容，帮助学生深度学习

现代教育学研究证明：学生如果能综合使用视觉和听觉，三小时后可记忆获得知识的 85%，三天后仍可记忆获得知识的 65%，这些向学生打开了一个神奇的未知世界，让学生充满了好奇，不断地产生问题，继而进行思考。在不停地产生问题和思考问题、解决问题的过程中进行深入学习。

多媒体技术可以改善教学内容的组织形式，强化学生认知次序和学科知识次序相结合的教学内容组织原则，使教学内容的呈现方式更符合不同学生的认知次序[①]。教学内容合理、科学地呈现，再加上老师的讲解，学生能够通过听觉和视觉的学习更深入地理解知识的原理。

3. 活用多媒体技术，优化课堂教学，提高课堂教学效率

多媒体技术可以使复杂、抽象的数学知识直观形象地展现在学生面前，避免了传统的教学方式当中教师拿着教具边演示、边板书、边讲解的现象。

有了多媒体，就可以应用"技术"去演示，而教师也可以解放双手面向学生，结合多媒体演示讲解知识，提高教学效率。

在复习阶段更能体现多媒体的优势。大量的需要总结、归纳、辨析的知识点，通过多媒体技术制作出来，让教师从板书中解脱出来，把更多的时间用在知识的讲解上。

---

① 王天平，段霜. 智能时代个性化教学有效实现的条件与路径［J］. 北京教育学院学报，2020，34（05）：1—6.

样例展示

本案例来自陕西省西安市曲江第一小学毛晓东老师基于情境式课堂教学模式的一节数学课，课程内容是人民教育出版社的四年级上册《角的度量》。

1. 技术支持课堂讲授的目的

本案例中的教师，通过多媒体技术演示摆小角，可以量出一个角的大小以及让学生明白为什么要使用量角器以及怎样量角的原理。这种演示使抽象的数学内容变得可视化，这样更有利于不同层次的学生主动参与课堂教学，同时大大缩短了学生掌握这个知识点的时间。

2. 学生的学情分析

学生对角的大小与什么有关已经有了初步的认识。但是在实际生活中，学生根本没有量角的需要，他们要掌握的是完全抽象的数学知识。量角器对于学生来说是陌生的。那么为什么要有量角器，量角器量角有什么优势，就需要向学生解释清楚。而如何使用量角器，使用量角器以后会有什么结果，是学生学习时要解决的思想上的难点，如何使用量角器是学生学习时的技能方面的难点。

3. 教学难点

(1) 学生理解用摆小角的办法测量角的大小是有局限性的。

(2) 学生认识量角器，理解为什么使用量角器和怎样使用量角器。

4. 教学过程

(1) 多媒体技术设计游戏：(PPT课件出示) 屏幕上有一门大炮，我们要调整大炮的角度射击目标。(学生来参与这个游戏) 大炮想要击中目标与什么有关？

(2) 新授：黑板出示两个角，全班讨论怎样比较两个角的大小。PPT出示两个角，演示用摆小角的方法比较两个角的大小，得出结论。PPT演示一个一个小角摆在一起形成一个圆，把这个圆平均分成360份，每一份所对应

的角度是 $1°$，10 份是 $10°$，等等结论。教师根据屏幕演示讲解量角器，屏幕上出现一个角，把量角器移到角上，量出角的大小。

5. 工具与方法

由于这部分教学内容具有纯数学性和抽象性，所以学生很不容易接受。教师就在课堂的导入部分用多媒体技术设计了一个和角的大小有关的小游戏，激发学生的学习兴趣，让学生很快进入到学习状态中。

在新授部分，PPT 演示把三个角分成大小相等的小角，一个角分成了 3 个小角，另外两个角都分成了 3 个小角多一点。这样就很容易看出另外两个角比第一个角大，但是这两个角谁大呢？由于分成的 3 个小角多出的拿远一点看不出谁大谁小，还要分成更小的单位，用 PPT 展示这部分内容既节省了课堂的有效时间，又能让学生更直观地观察，并认识到量角器产生的必要性。

【样例评析】

在多媒体环境下进行课堂讲授，学生的注意力明显提高。传统的数学课堂只单纯地教师讲授，只有几个学习基础比较好的学生在积极地跟着老师的讲课节奏。其余的学生即使是端端正正地坐在课堂上听课，大多数也跟不上教师讲课的节奏。

而在多媒体课堂环境下，基于情境式课堂教学，学生们思维活跃，思路极为开阔，积极举手回答问题。就像用摆小角的办法去测量角的大小，马上就有学生意识到，剩下的部分就要分成更小的部分。而分成更小的部分或者是更更小的部分用传统的教学方式是无法完成的，但是在多媒体教学环境下就可以实现这种"分"，这个分的过程激发了学生学习的自主性，主动参与到课堂中来。这样整个课堂氛围就是宽松愉悦的，学生的情绪不是紧张的状态，能全身心地投入到学习中。

一、教学策略的选取

基于 ARCS 动机模型，课堂教学设计中融入"注意、相关、自信、满意"四大元素可有效地在教学过程中唤起学生的学习动机。将信息技术融入生物课堂教学可丰富教学资源，扩大课堂容量，合理创设问题情境，优化教学内容呈现方式，创新教学方法，多方位多角度地应用评价反馈等，为在教学过程中引入"注意、相关自信、满意"四大元素带来了新的契机。

ARCS动机模型对于课程教学过程中学习动机唤起具有普适性，利用ARCS动机模型指导或评估课堂中学生学习动机唤起的教学活动具有合理性与实践性。同时，ARCS动机模型也可应用于多媒体技术支持下教学活动的设计与评估[①]。

在课堂教学中激发学生的学习动机应引起学生的有意注意，让学生认识到所学知识与自身的生活发展有联系，让学生感到自己有能力完成相关的学习任务，并创造学生在学习过程中可产生的成就动机与交往动机，进一步激发并强化学习动机。这四个要素之间彼此影响又相互独立，因而教师在设计教学活动时需结合具体的教学内容与重难点在包含四大因素的同时可侧重某个或某些因素，为满足学生需要创造机会或条件，以唤起并维持学生的学习动机。

二、融入多媒体技术对引入"注意"的影响

在课堂教学中，教师常常通过设计活动以产生一定的刺激作用，进而唤起学生特殊的好奇心，引发并维持学生的有意注意。同时，如生物较多地涉及微观抽象动态的过程，不利于学生的理解与掌握，化抽象为具体、化不动为动可有效地激活学生的感知觉，以达到激发学生有意注意的目的。

目前，在课堂教学过程中，有效引发学生注意的策略主要有三种：设计多感官参与的活动，形成感官刺激；呈现认知矛盾，引发认知不和谐；展开问题探究，激发求知欲。这三种策略的刺激源，都为教师在教学过程中向学生呈现的信息、材料及与材料相关的问题。将多媒体技术融入课堂教学，为在课堂中呈现材料带来了巨大的变化。

---

① 甘露. 信息技术支持下高中生物学习动机唤起的教学策略研究［D］. 武汉：华中师范大学，2018.

与传统的教师口头描述与黑板板画的信息呈现方式相比，融入信息技术的材料呈现具有其特有的优势，如表4-2-1所示。感官的参与和知识的学习有密切的关系，在一定范围之内，学生在学习过程中调动起的感官越多、时间越持久，越容易引起学生的注意，并留下深刻印象。较传统的教学方式，利用信息技术的材料呈现具有调动学生多感官参与课堂、化抽象为具体以及扩充课堂中材料数量的优势，在引起学生注意上具有较为明显的优势。同时，因信息技术呈现材料具有直观化、耗时短、课题涉及广的特点，可更好地辅助教师进行情境创设、知识点讲解，更好地提升教学效果。

表4-2-1　传统教学与利用信息技术教学材料呈现差异

项目	传统教学	利用多媒体技术教学
呈现方式	多为单感官交互	多感官沉浸式交互
	间接展现材料，对学生联想要求高	直观展现材料，对学生联想要求较低
	可结合活动形式较单一	可与多种活动形式结合
呈现内容	课堂中仅能呈现少量信息	课堂中可呈现大量信息
	课堂中能够向学生展示的信息源少	课堂中能够向学生展示的信息源多
	抽象内容缺乏形象	直观展现抽象内容，突出重点，弱化难点
呈现效果	引发好奇心与求知欲，提高学习兴趣	引发好奇心与求知欲，提高学习兴趣
		刺激多种感官机能，提高记忆效果
		多维度刻画材料，提升思维能力
		增加课堂容量，提高教学效率

三、融入多媒体技术对引入"自信"的影响

课堂教学中的自信，主要指的是学生对于学习或学习任务的主观态度，即"我可以解决这个问题""我可以完成这个活动"等。一般来说，在教学过程中，不断地让学生产生"我可以"的认知，可更好地帮助学生建立自信心，并进一步形成学生的学科自信。一般影响学生主观态度的因素包括试题或任

务的难度、是否有相关试题的成功经验，以及相同水平的人是否有成功经验，但其核心是学生对于自己能力与试题难度的相对评估。高中生物学知识涉及较多微观与抽象的内容，对抽象思维能力仍处于发展阶段的学生群体来说具有一定的难度。若不能在课堂教学过程中运用教学方法或教学手段化解抽象内容理解的难度，便会让学生形成"我不能解决这个问题"的认知，从而影响学生自信心的建立。

针对知识体系特点，解决这个问题的核心在于化抽象为具体、分散难点、逐个突破，因而，教师在教学过程中需要利用教学手段激发学生主动思考，辅助学生理解掌握，降低学生任务完成的难度。在传统教学中，教师常在课堂教学中设置问题或问题串，逐步分解任务难点，为单一的布置问题与问题解决的过程，对学生理解有关知识点的引导作用有限。在教学过程中融入信息技术之后，课堂容量与材料呈现的方式发生了改变，教师可以在课堂教学中针对某一内容设计任务，展现多个支撑材料，并在材料的支撑下设置问题，引导学生思考、探究，降低学生解决问题的难度。在融入多媒体技术后，教师分解与讲解重难点的方式发生了一定的改变，利用多媒体技术，教师可以在课中设计微型探究活动（仅侧重探究过程中的某一个或某几个元素），形成针对某个概念或某部分内容的支架，辅助学生以自我探索、思考为主解决问题，有效拆分理解难点，降低任务难度。

与传统教学的问题串相比，利用多媒体技术在课堂上设计多个基于材料的任务，可以更好地引导学生的思维，化难为易，引发思考与探究，顺应原有经验，化抽象为具体，以提高学生的自我效能感，帮助学生形成积极期望，建立学科自信。

工具索引

在上述样例中所使用的课件是用 PPT 制作的。这个课件最能激发起学生学习兴趣的地方是导入的部分——"大炮射击"和"量角器的形成"。

1. PPT 控件

"大炮射击"是一个 flash 游戏，可在 flash 动画网站上下载，然后插入 PPT 中。步骤是：以 2010 版 PPT 为例，将下载好的 flash 动画和 PPT 放在一个文件夹中，然后在 PPT 中找到"开发工具"—"控件"—"其他控件"—"ShockwaveFlash Object"—在控件上右击"属性"，调出属性对话框，在"movie"项填上 flash 文件的文件名。请注意，文件名要包括后缀名，然后关闭，返回。

2 投屏软件——希沃授课助手

希沃授课助手是一款教师授课时将手机与教室大屏相连接的软件，可以使用手机控制课件的播放，将手机中的文件上传到大屏，也可将学生的作品拍照上传或直播学生的研讨或实验情况。可以对比多个学生的作品或作业，也可放大学生作品并对内容进行批注等操作。

希沃授课助手使用方法：

（1）分别在手机和班级大屏中安装"助手"的手机端和电脑端。

（2）将手机和电脑连接到同一网络，可以连接到同一路由器，或打开电脑中的"热点"后，手机连接"热点"即可。

（3）手机扫描大屏中助手提示的二维码，提示"连接成功"即可使用。

第三节　技术支持下的总结提升

案例启思

李老师在进行课堂教学小结时，经常利用课程结束前的 1～2 分钟采用提问的方式，总结学生本节课学到了哪些知识，对学生本节课听课情况进行调查，从而了解学生对课堂知识的接受情况。但是，在课堂小结时经常出现学生将课堂上涉及的全部内容都想说出来的情况，往往总结还没有结束，下课铃就响了。李老师只好终止学生的总结，时间长了学生们也掌握了李老师做小结的习惯，对课堂小结的认真程度逐渐降低。李老师也发现了这个问题，多次强调要认真回顾本节课的课堂学习内容，但是效果仍不理想。

问题剖析

上述案例中，李老师在进行教学小结时采取提问的方式进行课堂小结，让学生参与到课堂小结之中。课堂总结的目标比较明确，但在实施过程中结果事与愿违。分析其原因，可以概括为以下四点。

一、缺乏正确认识，导致耗时低效

李老师经常采取提问的方法引导学生回顾本节课所学的知识，方法单一，导致很多情况下为了完成课堂小结的环节而做小结。同时，由于课堂教学时间分配不合理，出现了小结的过程往往是随着下课铃声的响起戛然而止，或者拖堂进行，导致每节课的课堂小结部分都草草收场，使课堂小结环节既耗时长又收效低。

以上种种均源于教师对课堂小结缺乏正确的认识，没有把课堂小结看作课堂完整性的重要组成部分，更没有看到课堂小结是使课堂教学达到超出常态的教学效果的重要一环。

二、缺乏正确方法，导致面面俱到

案例中，李老师每节课结束都会进行课堂小结，说明李老师已经意识到课堂小结的重要性，但是没有科学地把握课堂小结的角度和方法，从而造成了课堂小结的单一乏味、面面俱到。这一问题主要体现在以下两个方面：一是提问式课堂小结的方法单一，枯燥无味；二是随意性的课堂小结面面俱到，目的模糊。李老师教学课堂小结环节，往往将本课所教授的知识点全部概述一遍，久而久之，学生就会觉得听不听都一个样。其实，这不符合课堂小结的要求，课堂小结时间往往只有 3～5 分钟，概述一堂课的知识显得非常仓促，无法发挥应有的作用。

三、缺乏学习主体，导致被动参与

学生是学习的主体，教师起的是辅助作用。新课程理念下，无论是课堂引入还是教学过程，都已经向着这个方向努力推进。教材知识具有一定的连贯性和系统性，通常情况下，前一章节的学习是后一章节学习的基础。小结时要充分调动每个学生的积极性，让学生自己动手、动脑、动口，总结知识的规律、结构和主线，运用发散求异的思维鼓励学生探索，让每个学生都参与到课堂小结中去，培养学生善于总结的习惯以及数学探究能力、语言概括能力。

教师在做课堂小结的时候，要抓住知识之间的内在联系，设置悬念，吸引学生不由自主地去探究，才能引导学生将新旧知识融会贯通，为下一节课的学习做好铺垫。学生只有将章节知识联系起来，成为一个完整的知识体系，再运用起来才能得心应手，游刃有余。

然而李老师在小结时只针对了当堂课的内容，课堂小结发挥不出它应有的作用，对下堂课的学习没有帮助。很多时候，在做教学小结时，教师主导课堂小结的全部。教师怎么小结，学生就怎么听。

解决策略

课堂小结这一教学形式是教师常用的一种教学策略。课堂小结起着衔接前后知识，培养学生思维能力、语言概括能力，以及升华情感的作用。课堂小结，应该是针对课堂的重点、难点、易错点，用简明扼要的语言，有目的地进行总结或提醒，给学生留下深刻的印象。课堂小结不仅仅是内容的简单总结，更重要的是情感的激发和态度的培养。课堂小结要激励学生更加努力学习，培养学生的进取心和不断完善自我的心理品质。此外，还要根据不同的教学内容，结合学生的特点，选择合适的方法进行小结，让学生们觉得课堂小结有特色，新颖、有趣、巧妙，让学生们对每一节课的课堂小结都充满期待。

一、技术支持的总结提升

总结提升是课堂教学中的重要组成部分，包括课堂讲授中的内容提升、课堂结尾的内容小结以及单位或学期末的总结梳理等，重在通过知识和技能的联系、总结、归纳与拓展等方式帮助学生深化对内容的理解，巩固所学知识。是在教学内容结束前，由师生共同参与依据实际教学情况对知识梳理总结、对技能训练提升、对学生情感升华、对课堂延伸和对学生思维能力培养的一个重要的课堂环节[①]。没有课堂的总结提升，学生的知识往往是零散的、没有清晰脉络的知识碎片，通过对知识的梳理和总结，学生能够将已有知识形成清晰的分类和联系，便于记忆和对知识的理解[②]。

教师借助信息技术手段，进行多种方式的课堂小结，要关注两个问题，即：应用信息技术怎样引导学生进行知识的总结和梳理？多种课堂小结形式的选择需要注意的问题有哪些？

二、融入多媒体技术对引入"满意"的影响

满意是一个需要产生并被逐渐填满到一定程度的过程。在课堂教学中，学生的需要主要为成就需要、交往需要以及学习需要，即学生在课堂教学的过程中希望获得一定的成就感，得到教师或同学的认定，提升自身的知识储备。成就需要的满足建立在学生完成有关任务并获得积极的回复的基础上，因而满足学生的成就动机，需要教师在课堂教学过程中创设学生完成任务的机会、应用多样化的教学反馈方式，进行及时有效的评价反馈。交往需要的

---

① 季海霞. 高中数学有效课堂小结的实践与研究 [D]. 苏州：苏州大学，2011.
② 李善良. 高中数学课堂小结的现状分析 [J]. 课程. 教材. 教法，2015，35（02）：63—68.

满足建立在学生与教师之间、学生与学生之间的交互过程中，因而满足学生的交往需要应在课堂教学过程中创设较多的交互活动，如合作类的活动、探究类的活动以及其他活动，并给予学生正确的评价引导，如教师对学生的思维、行为等进行表扬、奖励与正确归因等。学习需求的满足主要依靠课堂容量。所以，在课堂教学过程中提高学生的满足感，要求教师在教学中多设置合作探究类活动，并设置多样化且及时的教学反馈。

传统课堂教学过程中，教师也通过小组合作与探究式学习等方式增加学生课堂的参与性，但在课堂中设置这样的活动，存在因基于语言描述的资料展示、表达交流等各个环节的耗时较长，合作与探究易流于形式，不能真正达到引发学生得到需要满足等目的。相较于传统课堂，利用多媒体技术教学手段在材料呈现上具有明显的优势，为教师在课堂教学中扩充课堂容量、设置多个合作探究类的活动创造了条件，学生得到的交往机会与解决问题的概率提升。同时，应用多媒体技术可更及时地帮助教师进行评价反馈，改变课堂教学过程中反馈超过最佳时效的现状，形成正向促进。

利用多媒体技术及时的评价反馈可以帮助老师及时调整教学的侧重点，也可以帮助学生及时地调整学习目标。评价反馈的本身即为学生成就感的重要来源，而评价产生的促进作用（侧重点的调整）会引导学生发现不足，从而进行自我完善，又可作用于学生成就感的形成，形成一个良性循环[①]。目前，教师在教学过程中常用的及时评价反馈工具有学校开发的及时反馈系统、问卷星等。融入了多媒体技术的生物课堂可以更好地在课堂教学过程中满足学生的成就需要、交往需要以及学习需要，让学生在学习的过程中获得满足感。

三、多媒体技术融入课堂总结提升的策略

1. 恰当选择技术方式，发挥课堂小结在整个教学环节中的作用

课堂小结有利于培养学生对知识点的归纳和巩固能力，拓宽学生的思维

---

① 甘露. 信息技术支持下高中生物学习动机唤起的教学策略研究［D］. 武汉：华中师范大学，2018.

想象，激发学习兴趣，提升学习能力，甚至将教师教学的作用延伸到课后、课外。作为日常课堂教学的最后一个环节，课堂小结教学的意义在于对本节课程教学的重点知识进行系统的回顾与归纳总结，是整节课堂教学的点睛之笔，课堂小结教学策略实施的有效性直接关系着学生本节课程学习的质量。因此，教师要充分发挥课堂小结教学策略的教学价值，科学化设计课堂小结教学形式与内容，帮助学生更好地理解和吸收本节课程所学知识，提高课堂教学的有效性。

需要注意的是，在开展课堂小结时，要根据本节课教学内容灵活选择多种方法，不能一概而论，而是要让所选择的方法真正能够起到总结、梳理、提升的作用，使课堂小结成为完整课堂的重要组成部分，让课堂小结在课堂教学中收到超出常态的教学效果。

针对案例中李老师教学课堂小结环节形式化，小结的作用未能得到有效地发挥的问题。建议李老师根据教学内容的需要，借助技术支持，合理利用电子表格、知识树等工具进行知识要点的梳理和归纳，给学生留下既清晰完整又主题鲜明的印象，从而起到帮助学生理清思路、巩固知识、加深理解的作用。应用这些方法时要注意准确简洁，不能是对教学内容的简单再现和机械重复。要重点突出知识的内在联系，从而起到巩固、强化和转化、升华的作用。

2. 科学运用技术支持，发挥学生在课堂小结中的主体地位

知识总结提升是学生学习中的重要环节，是对知识学习的总结和梳理。教师可以通过点题式小结、引导式小结、延伸式小结、启发式小结等有效方式进行课堂小结，让学生明确学习任务，帮助学生梳理知识脉络，为学生提供实践机会，帮助学生优化学习方法。利用技术高效地提炼重点知识，形成清晰的思维结构，能够帮助学生在总结时更精准地把握教学重点知识，给课堂总结提供重要的依据。

课堂小结可以通过让学生亲手制作思维导图的形式增强学生对课堂内容

的梳理，思维导图可以清晰地划分出知识的脉络，对知识进行分类整理。思维导图等形式能帮助学生在归纳总结的过程中再次梳理知识，掌握知识的结构关系和本质联系，形成个人的知识框架与结构，掌握核心概念和一般的思想方法。绘制思维导图还可以有效地调动学生的参与意识，让每一个学生都参与到课堂小结的环节中。根据学生绘制的思维导图，教师也能清晰地了解学生的课堂学习情况，以及学生知识点的遗漏之处，便于在后面的教学中有针对性地进行纠正和补充。

3. 准确运用技术反馈，发挥评价在系统学习中的作用

小结是课堂教学的重要组成部分，关系到教学目标的实现与否。课堂小结能反馈学生学习成果和教师的教学成效，由此，才能形成相对完整的课堂教学结构。课堂教学的总结和提升，往往仅凭借教师对教学内容的设计和教学内容自身的特点进行。详细地了解学生的学习情况，对于提升教学效果将起到非常重要的作用。

教师在总结过程中利用 101 教育 PPT、希沃白板等软件中丰富的题库对学生课堂学习效果进行检测，也可以运用在线测试平台、及时反馈工具，如plickers 工具等，学生只需要举起手中的 plickers 专属卡片，卡片的不同方向代表不同的选择，教师通过手机扫描即可快速反馈学生的学习结果。在课前，教师可通过问卷星等在线测试工具，进行在线测试，学生只需点击链接或扫描二维码即可答题，平台会快速生成学习反馈数据，教师会基于数据结果及时调整课堂总结的进度和重点，也可以将检测结果发送给学生，作为下一步改进和提升的目标。

样例展示

下面，我们以钱老师的真实案例为参考，明晰在实施讲练结合课堂教学模式过程中，借助信息技术手段进行课堂总结和提升的方法。具体分析流程如下：

样例：借助思维导图工具，提升课堂总结效果

钱老师在总结八年级历史《中国工农红军长征》这一课时，使用电子表格归纳五次反围剿的情况并进行对比分析，总结出中国工农红军长征的原因；使用思维导图对《中国工农红军长征》这一课全部知识点进行归纳，从原因、过程和作用几个方面对红军长征进行全面总结梳理，通过在线测评工具对学生掌握情况进行了检测，根据测评结果梳理出学生学习中的难点和易错点，给后续课程教学安排提供依据。具体设计如下：

1. 课堂总结提升的目的

本案例中，教师从学生的学习过程出发，梳理红军长征的整个历史背景及原因，运用动画的形式直观展现中国工农红军长征路线，清晰地展现出红军长征过程中重要的历史节点，最终通过思维导图的方式整理出红军长征的历史意义。

2. 教学主题

本课例是人教版中国历史八年级上册第五单元第17课，主要内容是讲述中国工农红军的伟大战略转移——长征。教材紧紧围绕长征的开始、艰难行进、取得胜利这一线索展开，介绍了红军为什么要进行长征、怎样进行长征、如何获得胜利等重要内容，重点介绍了党和红军历史上的一次生死攸关的转折点——遵义会议。

3. 教学对象

本课教学对象为八年级学生，该学校为一所普通中学，学校为每个班级都配备了电子白板，互联网能够支持班级的正常教学使用，同时学生鼓励教师使用信息化教学手段辅助教学，学校的计算机教室电子阅览室等空间全部向学生敞开。经过七年级的学习，学生已经初步具备了一定的自学探究、小组合作等能力，能够熟练使用电子表格、在线答题平台和思维导图制作工具等信息化工具进行学习，在教师的引导与激励之下，学生是有能力解决学习中遇到的问题的。但是，该班级的学生平时课外知识拓展不是很充分，部分

同学也会出现上课注意力不够集中、对部分知识点学习存在遗漏等问题。所以在课堂总结过程中需要精准了解学生对知识的掌握情况，梳理总结知识脉络，及时补足知识盲区，使学生对长征的整个事件有全面的认识。

4. 教学重点

教学重点为遵义会议和长征胜利的路线和伟大意义。

5. 学习难点

教学难点为遵义会议的意义，体会红军的革命英雄主义精神，认识中国革命的艰难曲折。

6. 工具与方法

为了解学生对本节课知识的掌握情况，教师使用问卷星发放评测试卷精准了解每个学生的学习情况，从而更有针对性地引导学生使用电子表格、思维导图等整理本节课的知识点，帮助学生在归纳总结的过程中再次梳理知识，掌握知识的结构关系和本质联系，形成个人的知识框架与结构，掌握核心概念和一般的思想方法。

本案例中，钱老师通过在线测评工具精确地了解学生知识学习的情况，及时发现学生在知识学习中遗漏的知识点。根据不同知识特点，在总结红军长征的原因时利用电子表格适合对比分析整理的特点，通过表格从五次反围剿的时间、参与军队人数、领导人、战略战术、结果等几个方面进行对比分析。结合问卷星测评结果反映出学生对反围剿中战略战术变化时间节点分析不准确的情况，在课上使用 101 教育 PPT 中的丰富题库内容为学生在课上进行了补充习题的练习，为了能够快速精准地搜集到学生答题的信息，钱老师使用了 Plickers 即时反馈工具，精准了解学生的掌握情况，调整课堂进度。在整理红军长征历史过程中充分利用了时间线直观展示的优势，引导学生发现历史事件发生的时间顺序，从开始、转折、胜利等几个重要时间节点对总结红军长征的发展过程进行梳理。最后引导学生自己通过思维导图整理中国工农红军长征的发生原因、发生过程以及长征对历史和现实的意义。达到每个学生都参与总结提升的目的。

7. 结果分析

通过问卷星显示的调查结果可以看出，在本节课学习知识的过程中，部分学生存在理解不到位、掌握不准确的情况，还有部分学生存在知识盲区。"对于怎样理解五次反围剿中战略战术的转变""遵义会议对红军长征的重要意义"这两个问题掌握得不是很好。这就体现出学生对红军长征的历史环境了解得不充分，对长征发展的过程了解得不全面。在课上，针对这两个问题，钱老师精选了101教育PPT中的习题资源作为补充练习，通过学生对历史事件的准确理解，才能实现对知识的灵活运用。最后引导学生使用思维导图工具梳理整个红军长征历史事件的全部内容，帮助学生形成清晰的知识体系，掌握历史学习的方法。

【样例评析】

样例中，钱老师根据教学需要，借助信息技术支持，通过问卷星对学生进行学习情况的检测，依据测试结果精准地了解学生对本课知识的掌握情况，这一做法提高了知识总结提升的针对性，大大缩短了解学生对知识点的掌握情况所花的时间，并且能够精准地了解到每个学生掌握的实际情况，使归纳整理补充知识漏点更具有针对性，有利于教师把握学生学习的情况，合理地安排总结梳理的进度及重点。

一是教师有针对性地总结，学生有针对性地梳理。案例中，钱老师在总结前使用在线测评数据作为整理提升的资料，根据学生的问题在课堂上通过有针对性的习题练习对学生出现的难点、易错点进行补充讲解。

二是使用即时反馈工具快速获取学生的答题结果。即时反馈工具能够快速搜集学生答题的情况，反映出具体的某个学生的答题情况，适合发现个体存在的差异，发现集体共性的问题。

三是使用信息化工具总结梳理知识图谱。通过对学生学情的分析，教师了解到学生具备自主使用信息化工具辅助知识整理归纳的能力。同时，八年级的学生已经具备了一定的自主整理归纳总结的能力。教师把课堂还给了学生，让学生自己从本课内容的几个方面进行对比、分析、整理，形成自己的知识体系。

工具索引

上面的案例中，钱老师根据总结提升的需求使用问卷星对学生进行了整理前测评，利用 101 教育 PPT 的题库选择有针对性的试题，对知识漏点进行补充学习，利用 Plickers 即时反馈工具及时了解学生学习的情况，引导学生运用 X－Mind 思维导图工具对本课知识进行了有效的梳理和总结。此外，我们还可以用其他在线问卷调查工具或在线测试工具，对学生的学情进行调查。常用的问卷调查工具除问卷星外，还有前面章节中介绍的腾讯文档、简道云、小黑板、UMU 互动学习平台等。

1. plickers 即时反馈工具

Plickers 是一款免费的课堂教学即时反馈软件。教师可以在网络端注册并建立班级，然后通过教师端出题（多终端均可），学生根据选项举起自己的卡片（正确答案方向朝上），教师打开手机对卡片进行扫描（不需要拍照），软件就可以根据不同的卡片编号和卡片方向自动得出每名学生的答题结果，并实时进行统计分析，然后以图表化的形式显示出来，教师可以根据反馈结果有针对性地进行教学。

2. 思维导图软件 Mindmaster

与知识树类似的思维导图，是教师进行知识总结时必不可少的一种方式。Mindmaster 是一个应用广泛的思维导图制作分享工具，可以在电脑端和手机端同时使用，可以将自己的思维导图保存到云端。使用思维导图软件对知识的结构进行整理，可以使学生更好地了解知识之间的关系，更利于学生记忆知识。这款思维导图软件内置了丰富的模板，提供了强大的思维导图绘制功能，可以插入各种元素，文字、图形、视频、标签等都可以很方便地插入思维导图中。同时思维导图的样式也很丰富，我们可以根据不同的需要选择不同的思维导图样式对知识点进行总结。这款软件的突出优点是，它有一个思维导图的社区，里面有很多教育类的、读书类的思维导图作品，我们可以直接使用。比如小学各课本、各章节的思维导图知识梳理，推荐的读书思维导图等，我们可以参考这些思维导图，帮助学生进行阅读。

目前，思维导图软件大部分都是国外的，我们可以使用的有mindmanager、mindmap 等，国内的中文思维导图软件有 mindmaster、xmind，其中 Xmind 和 mindmaster 基础版都是免费使用的。Gitmind 是完全免费的软件，适于手机绘制思维导图。思维导图软件的使用多与 word 中文本编辑的操作相类似。思维导图软件大多支持云端存储、在线绘制。

第四节　技术支持下的方法指导

案例启思

刘老师在语文教学中非常注重预习环节，它能培养学生的自学习惯和自学能力，有效提高学生独立思考问题的能力。他要求学生每节课前都要将新课文读熟，并在书上标出新课文中的生字，写出字义并组词，并将自然段标出序号……然而刘老师班上总是有一部分学生对于预习作业应付了事，要么谎称自己已经读熟课文，却在朗读时结结巴巴；要么干脆直接抄袭其他同学的预习成果，对于新课的思考几乎为零。经刘老师与学生谈话得知，很多学生将预习作业当作了一项负担，认为预习的内容老师上课早晚都会讲到，预习作业只是为了应付老师的检查，只要老师不仔细检查学生的教材，学生不做预习也不会被发现。为此，刘老师调整了预习作业的方法，由学生自己先检查书面作业，再由小组长分别对组员的课文朗读进行检查，可实施了一段时间后，并未见预习效果有所提高。

问题剖析

一、过程无法监督，作业习题化

在应试教育的影响下，很多老师希望学生能尽量多地、频繁地学习知识，所以在预习设计作业时，教师对学生的预习要求多了从字词的辨析到句段的理解，将一些本应放在课后，学生在学习课文之后才能完成的作业设计成预习作业。如此一番预习，课堂的新授部分就变成了复习。时间一长会降低学生探究新知的兴趣，进一步使预习作业丧失应有的价值。

由于语文课一般安排在早上一、二节，刘老师要想了解学生的预习情况，一般只能在课前急急忙忙地浏览几个同学的预习作业，或者是利用课堂时间抽查词语认读和课文诵读。这些方法即使能够反映出学生在预习中存在的问题，也没有时间对教学设计进行大的修改，也就不能很好地在课堂上"以学定教"。预习作业得不到及时的反馈，对于自制力不佳的学生来说，还会使他们养成对作业敷衍了事的坏习惯。

二、成果难以展示，学生兴趣不高

预习作业通常是在课外完成的，使学生拥有了更多自由预习的时间和空间。预习成果没有展示的机会是导致学生预习积极性不高、预习效果不佳的主要原因。例如部分学生把疑问留到课堂上，教师有时无暇顾及，学生花了很多精力打印或摘抄的资料带到课堂，教师或学生代表仅能验收完成与否，没有机会展示，使学生的学习积极性大受打击。缺少了老师的监督，缺少了个体展示的机会，会出现部分学生借机偷懒的情况。

三、预习流于形式，新知思考浅显

很多教师和学生都将预习等同于读生字或读课文，只要把课文读熟了，就算预习好了。预习作业在设计上多以口头为主，就如案例中的刘老师这样：将课文读熟、圈出生字词、标出自然段序号等。这样的预习虽然有明确的要求，但比较呆板，任何一篇课文都大同小异，久而久之束缚了学生的手脚，也使他们失去了自主学习的兴趣。部分学生由于老师很难监测自己是否熟读了课文而不加练习，课文读得结结巴巴；部分学生生字不认识、组词吃力；更有绝大多数孩子理解词语仅限于机械化摘抄词典或者辅导书，抄完后，不知所云。因此，课上孩子们理解生涩、肤浅，课堂再次呈现困状，学习效果极其不理想。

解决策略

在我们传统的教学模式中，老师通过对课本的讲解、板书以及部分多媒体的使用，灌输给学生知识，大多数时候，学生都被老师的知识线牵着走，他们几乎完全丧失了独立思考和学习的能力。我们的教学形式应呈现互动性，不是我讲你听，更不是满堂灌；学生的学习过程和结果应具有探索性、多样化和个性化，不是简单地告诉学生错与对，而是培养学生如何去发现，去探索，激发学生的创造性个性，最终将能力、知识、素质完全有机融合，培养学生成为具有解决复杂问题和关键问题能力的高素质人才。因此，打造技术支持的互动型学习模式、提高课程教学质量，成为教学的首要目标[①]。

一、融入多媒体技术对引入"相关"的影响

在传统课堂中，让学生将知识与生产生活相联系，仅能通过教师的简单介绍辅以图片或文字展示，缺乏形象性。为解决这一问题，部分教师会在课后组织兴趣小组，带领同学去相关工作领域观察学习，但这些活动受众少、耗时长、活动次数有限，并不能让多数学生直观地认识到学科的价值。将多媒体技术融入课堂教学，教师可以采取组合多种资料呈现相关内容的方式，

---

① 郑军. 浅述多媒体技术在初中语文教学中的应用［J］. 学周刊，2017.

让学生了解到学科与生产生活的关系，如在课堂中播放纪录片或相关报道，让学生通过屏幕近距离地感受知识的意义与价值；也可以让学生自主探索和发现学科与生活的关系，以在教学中融入"相关"这一元素；甚至可以将以兴趣小组为依托的实地观察学习转变为实地观察与课堂交流展示相辅相成的课题活动。利用多媒体技术，在课堂中向学生展示知识的内在价值方式更为简单，传播的频率增强、角度增多，活动形式增多，激活学生原有经验，学生的参与度增强，在增加"目的的切身性"的同时又可增加"过程的切身性"，可更好地引入"相关"因素。

二、多媒体技术支持的课前预习

预习是学习方法的一种。几乎所有的老师都懂得课前预习是一种良好的学习习惯。它能培养学生的自学习惯和自学能力，有效提高学生独立思考问题的能力。刘老师也因此有意识地培养学生课前预习的习惯和能力。但是长久以来，语文预习遇到的尴尬就是老师天天布置，学生经常应付，预习效果不佳。预习作业逐渐成为一些老师和学生心中那块"鸡肋"。对此，可利用多媒体技术减轻学生学习的负担，让预习的内容变得丰富多彩，让预习的过程和结果可视化，提高学生学习的主动性和积极性，方便教师全面了解学生课前学习情况，对课堂的把握更科学、更有效，从而提高预习的有效性。

三、多媒体技术支持的预习策略

预习作业不应只是教师下达给学生的一项任务，作为教师要重视预习作业的反馈功能，以便进一步确定授课教学时间的分配。而对于学生不懂的地方则要舍得花时间答疑解惑，这在课堂的时间分配和环节设置上就对教师提出了更高的要求。具体可以提供给老师的解决策略如下：

1. 预习过程和结果可视化，体现个性学习

预习是为了学生更好地学，也是为了教师更好地落实"先学后教，以学定教"。传统课堂受时间和空间的限制，学生课前的学习情况教师无法全面了

解，教学设计时主要凭借教师的教学经验和教学智慧对学生的课前学习情况进行预设。

利用互联网技术，学生课前自学的情境可以在课堂中重构。如刘老师布置的朗诵课文部分，可利用诸如"人人通空间"的"课前导学"或微信群的提交录音功能等，让孩子将自己的朗读作品上传，第二天在早读或者课堂上，择优将录音播放给学生，一起鉴赏每个同学的作品，这样不仅鼓励学生大胆阅读展示自我，对朗读能力较弱的同学也是一种鞭策，同时，教师可在这一过程中找出解决阅读指导的方法。

这样一来促使学生们更加重视朗读，努力使自己读得通顺、有感情。针对课内新知，教师可在"人人通空间"的"在线检测"或"一起作业"平台等，根据自己布置的预习内容，提出自己所要求的学生达到的预习目标，设计出检测程序。此程序放在公共平台上供学生自己检测，设置达到一定的分数算是合格，不合格的同学可以继续努力后再来进行检测。系统能提供给学生订正的机会。而学生所有的答题情况教师都能掌握。如此，教师就能总结出学生对于知识点的把握：哪些知识点大家已经掌握了，授课时只要稍带提一下即可；哪些知识点有小部分同学掌握了，课堂中可进行讨论等；哪些知识点学生基本上都不太明白，教师在授课时进行重点讲授。让预习环节真正有效地发挥作用。

2. 预习内容多样化，促进多元思考

教育信息时代，预习的内容要较以前有一定的改变。预习内容的布置要充分利用信息资源，使教育信息资源在预习中发挥其作用。信息资源在布置预习内容过程中的运用有许多种方式，各门不同的学科有不同的利用方法。尤其在新课程改革下，教育的内容从原来的课本知识向更广阔更丰富的领域衍生。

预习过程在开阔学生的视野中扮演了一个引领和启示的作用，信息技术则是实现预习功能的重要途径。以前教师布置预习内容时大部分均是以课本或是习题册或查书为主。信息技术的融入，带来了预习内容和范围的扩大。教师们充分利用现有的资源，尤其是信息资源，布置一些开放性的、拓展性的资料搜索或是查询方面的预习作业。

以刘老师的语文课为例，新课前的预习可以布置对作者及其写作背景了解的作业。第一节新授课后可以布置这样的预习作业：搜索课文中景物描写的相应图片或是对古文、古诗的翻译等，体会文章的思想感情。预习内容的扩大，不仅使学生更好地理解书本的知识，还开阔了学生的眼界，使学生的视野扩大到书本之外的其他重要内容，促进学生的多元化思考。

3. 展示平台扩大化，提高探究兴趣

传统课堂，学生的预习成果没有展示的机会是导致学生预习积极性不高、预习效果不佳的主要原因。在信息技术支持下，这个问题得以轻松解决：每个孩子所有的努力结果都有机会展示。在学生自己独立完成预习内容之后，教师可在网络上建立一个交流预习的信息化平台。

这个平台在当今信息时代表现出了多元的形式，如校园 BBS、教师的"人人通空间"及班级 QQ 群等。教师可以充分利用此类平台，和学生们一起在网上讨论研究。如：案例中，大家在完成刘老师布置的预习内容之后。便可在"人人通空间"的"班级讨论"模块中一起交流自己所搜集到的资料。如果其中有出入，大家可以根据自己所找到的材料发表自己的观点，而教师则在其中引导学生们讨论，对其最后的结论做出一个诊断或是评价。师生还可以对展示的学习成果进行互动，如点评、点赞。通过共享，学生的学习成果得到展示，提高学生的兴趣与成就感。同时在共享的过程中，还能生成许多知识技能以外的如情感的熏陶或感染、价值观念的影响等方面的内容。

样例展示

随着"互联网＋"技术的飞速发展和高等教育水平的提高，课程难度、深度，以及学业挑战度都会大幅度提升，而教师恰恰是课堂与学习者的桥梁，既要充分体现学生学习过程主体的主动性、积极性和创造性，又要发挥教师启发、引导、监控教学过程的主导作用。因此，我们务必把先进互联网技术与学习有机融合，帮助学生探索线上、线下互动的学法。本节将提供一个互动课堂教学模式样例，为教师提供参考。具体分析流程如下：

样例：借助平台互动工具，有效预习与反馈

在以往的教学活动中，王老师发现挨个翻看学生的预习作业，在"花名册"上勾选、统计学生的反馈结果，费事费力，且无法充分体现学生课前的预习效果，因此，他充分利用网络互动平台，探究一种既省时省力又直观的教学反馈方法。能够便捷地反馈学生的预习作业完成情况，且能够直观地反映学生的课上学习效果，提高整体工作效率，使得教师高效、方便、简洁地完成教学任务。具体设计如下：

1. 利用信息技术进行预习与反馈的目的

本案例采取基于"雨课堂""问卷星"的混合式教学模式，让学生的学习有铺垫、有反馈，提高教学质量。

2. 教学主题

本样例为北师大版六年级数学《圆的面积》一课，本课是在学生已经掌握了长方形、正方形、平行四边形、三角形、梯形的面积以及圆的周长推导过程和计算方法的基础上进行学习的，它是学生初步研究曲线图形面积的开始，也是后面学习圆柱、圆锥等知识的基础，是小学几何初步知识教学中的一项重要内容。教师在教学的过程中要引导学生主动思考、自主探索，经历圆的面积公式的推导过程，注重"转化"和"极限"数学思想的渗透和应用。

3. 教学对象

六年级的学生已经初步具备自主探究新知的能力，并且已经形成一定的学习方法。对于本节课，他们能够比较熟练地利用公式对已学过的平面图形进行周长和面积的计算。但圆的学习是从直线图形到曲线图形，无论是内容本身，还是研究问题的方法，都有所变化，对学生思维性、数学思想的培养

有着重要的作用。不少学生对平行四边形、三角形和梯形的面积公式的由来（也就是推导过程）比较模糊，因此在教学本课时要根据六年级学生年龄和心理特征，以及他们的知识基础，既要在课前进行一定的知识铺垫，又要注重课后反馈，及时了解学生的掌握情况。

4．教学重点

本案例的教学重点是能正确运用圆的面积公式计算圆的面积，并能运用圆面积知识解决一些简单实际的问题。

5．教学难点

本案例的教学难点在于圆的面积计算公式的推导过程。不少学生对平行四边形、三角形和梯形的面积公式的由来（也就是推导过程）比较模糊。因此，教师应首先引导学生在课前回顾平行四边形和三角形面积公式的推导过程，使学生明确是运用了转化的数学思想，从而为本课的学习打下坚实的基础。

6．工具与方法

（1）课前预习

为了收到更加有效的预习效果，课前，王老师制作并推送预习材料（包含平行四边形、三角形和梯形的面积公式的推导视频，以及圆的面积的动态拆分效果视频）到学生手机微信终端；学生进行自主学习（基础知识、拓展资料、问卷星的在线测试等），并及时反馈，就预习中不懂的问题通过雨课堂与王老师在线互动。另外，王老师还通过雨课堂和问卷星呈现的大数据分析报告，进一步掌握学情，有针对性地调整授课方式和授课内容，优化课堂教学设计。

（2）课后反馈：

上课的课件会保留下来，王老师通过雨课堂将课件推送给学生，学生遇到问题时可以随时查看，增强学生学习的自信心。学生课后自习，延长了学生的课堂时间，巩固了上课所学知识，养成了课后复习的好习惯。其后王老师通过问卷星对于本节课的重点问题设置调查，及时了解学生对于本节课知识的掌握程度，以及对本节课的质疑。

【样例评析】

在样例中，王老师通过课前利用微信推送预习资料、雨课堂和问卷星掌握学情，改进课堂教学的方法，优化了示范与指导过程，提高了反馈效率，这一做法让学生在理解知识和练习的过程中亲身参与，提升了兴趣。

一、培养学生的自学能力，消灭听课中的"拦路虎"

王老师有针对性地布置预习任务，让学生进行有效预习。这样，学生们就能带着自己的见解、问题进入新的学习中。学生在预习实践中，培养了搜索和处理信息的能力，激发了学生的学习兴趣和求知欲望。预习就像"火力侦察"，可以发现知识上的薄弱环节，学生对于之前学过的几何图形的面积推导概念模糊，在上课前迅速补上这部分知识，不使它成为听课时的"绊脚石"。利用学习和理解新知识，提前消灭了听课中的"拦路虎"。

二、及早掌握学生的学习信息，使教学有的放矢

学生通过互动课堂工具进行有效预习，对新知进行初步探索。其间，王老师不仅能及时了解学生对学习内容的掌握情况，还能通过学生在课前自我练习中提出的疑难问题，了解学生的基础。学生在雨课堂中提出了一些困惑，在上课时，王老师就可以抓住学生的这些疑惑，针对学生学习的难点，有的放矢地进行教学，避免了面面俱到的讲解。

三、及时验收学生的学习成果，检测教学目标

王老师利用问卷星进行课后反馈，通过直观数据评估学生的听课效率以及吸收情况，进而判断教学目标的达成情况。这种方式优化了传统的信息采集模式，避免了纸质问卷或口头询问的烦琐及不准确性。因此，教师根据得出的数据能够及时调整教学进度与目标。

案例中王老师对学生学习方法的指导有助于学生触类旁通、融会贯通，

提高学习成效并成长为自主学习者。

工具索引

在上述案例中，进入课堂导入环节，利用到的工具主要有雨课堂互动平台和问卷星调查问卷。下面将对上述用到的三种工具分别进行介绍。

1. 雨课堂

雨课堂是清华大学在线教育办公室与"学堂在线"共同研发的一款基于微信和PPT的网络智能教学工具，旨在连接师生的智能终端，将课前—课上—课后的每一个环节都赋予全新的体验，并最大限度地释放教与学的能量，让师生更多交流互动，使教学更为便捷有效，从而推动教学的有效改革[①]。使用方法如下：

（1）首先打开微信小程序搜索"雨课堂"，在雨课堂对话框的下方可以找到"我的菜单"栏，此时点击进入查看。

（2）点击"我听的课"，在"我听的课"当中可以查看到我们选择的课程，点击进入即可查看该课程。

（3）在课程中可以看到学习日志、公告、课件等相关信息菜单，点击即可进行查看。

（4）此时点击课件，然后可以在下方看到老师发布的课件，点击进行查看。

（5）点击"查看课件"，我们可以看到上方的课件和自己的学习进度，也可以在下方进行提问。

2. "人人通空间"

"人人通空间"是全国教育资源公共服务平台中的师生学习空间。该平台可以发布前置学习任务，让学生提前学习，并反馈学习结果。教师可以通过

---

① 王帅国. 雨课堂：移动互联网与大数据背景下的智慧教学工具［J］. 现代教育技术，2017（05）：26－32.

平台，对学生的预习和作业进行有针对性的指导。在上课过程中，教师可以随时出题，让学生回答，精准掌握学生对知识的吸收情况，给老师调整教学策略提供数据支持，实现先学后教，以学定教。学生可以将预习和作业的内容可视化呈现给教师，教师可根据学生的预习和作业情况进行有针对性的指导。每位教师和学生在教育资源公共服务平台都有自己的账号，教师可以很方便地通过空间对学生进行有针对性的学法指导。

3. 自学软件

"百词斩""傻瓜英语""我爱背单词"……学生可以通过这些 App 进行单词学习。"英语趣配音"可以指导学生进行口语的练习。通过指导学生对这类自学类 App 的学习，提升学生的自学能力，而自学能力的提升也是对学生学法指导的重要组成部分。

第五节　学生信息道德素养

案例启思

2020 年开始，由于疫情，张老师所带的班级开始了线上学习。在直播上课、网络查找信息、上传预习、复习资料等网络学习过程中，张老师发现有的同学在直播课时，在网上随意打字或语音发言，学生在不直接面对老师的情况下，任意打开、关闭摄像头或麦克，任由家里的杂音影响线上教师的讲课，甚至盖过教师讲课的声音；在家随意穿着，甚至坐在床上打开摄像头听课，影响了课堂效果。更有的同学在线上学习的过程中无意间看到了网络上的一些不良信息，并好奇地点进去观看，影响了青少年的心理健康。还有些学生在网络上随意遨游，即使网课已经结束，仍然在浏览网页、打游戏或聊天，上网成瘾。根据这种情况，张老师通常会加以阻止，但收效甚微，仍然有学生在张老师注意不到的时候随意发言和观看不良信息。学生对于网络上的海量信息、五花八门的视频、游戏等好奇心很强，甚至出现了通宵上网和打游戏的学生，导致张老师的班级线上学习出现学生注意力分散、无心学习等各种问题。

问题剖析

一、学生缺乏良好的网络社交行为礼仪

在许多同学的心目中，网络中是匿名的，是不见面的，就可以随意发布言论。如网络上的"键盘侠"，就是在网络上以屏幕为保护罩，隐藏在网线的另一端，无限制地反驳和诋毁其他人，甚至使用挑衅性语言和脏话。在现实生活中，绝大多数同学都能够遵规守纪，注意用学校的规定和道德标准规范自己的行为。在网上交流时，却并不能做到与现实中行为一致。

在上述案例中，张老师班级上的学生对网络社交行为礼仪缺乏应有的理解。正是因为这种无规范、无礼仪的网上行为，使学生对老师和同学们的语言、行为随意评论，随意穿着，在上课时不注意保持线上课堂教学的秩序，很容易出现注意力分散的情况，也影响了其他同学的线上学习。

二、学生缺乏信息道德判断标准和鉴别能力

在本案例中，学生无法辨别网上的哪些信息是对自己有益的，哪些信息是不良的，由于好奇心强，且没有形成足够的判断能力和正确的鉴别能力，不分良莠全部接收。由此，网络学习就无法达到学习知识、提升素养、陶冶情操、培养人才的目的。所以，提高学生的信息素养，提高学生对网络文化信息的判断力，是减少校园网络文化消极影响的根本措施。

三、学生缺乏正确的兴趣爱好引导

互联网在带给大家便利的同时，也带来了不容忽视的负面效应。有"网

瘾"的主要是青少年,特别是广大学生居多。"网瘾"引发学生出现了各种状况,例如不爱学习、乱花钱、叛逆、熬夜损害身体等,严重影响了学生的身心健康。

近年来,由于学生压力大、学习任务重,家长只注重成绩而忽略学生的心理健康等社会问题,导致学生的文体活动和业余兴趣爱好越来越少,学生的绝大多数时间都是在不停地学习。要解决张老师班级中学生上网成瘾的问题,仅仅简单阻止显然是不可行的,要分析它的根源。不少学生会将网络作为解压的良药,将虚拟的网络视为"精神家园",而解决这一问题必须对学生给以正确的引导,鼓励学生培养多方面的兴趣,多参加文体和社会活动,接收正面积极的信息。

解决策略

一、信息道德素养的内涵

信息技术为教育手段的现代化和教学模式的改变提供了广阔的发展空间,但在信息技术为我们服务的过程中,人们过多地关注技术层面的问题,忽视了学生伦理、道德等方面的教育,信息技术的负面效应对正处于世界观、人生观、价值观和人格形成阶段的青少年产生了消极影响[①]。

现今是网络时代,学生喜欢上网,喜欢网络上的各种信息带给他们的丰富多彩的体验。但是网络被各种道德的、非道德的信息充斥,是一个无中心的资源共享、多元价值共存的环境。道德是法律的重要补充,对规范社会行为、调节人与人之间的关系起着至关重要的作用。信息道德随着信息技术的发展而产生,是人们在信息行为中的重要规范,调节信息制造者、服务者和使用者的行为,维护信息领域的秩序,最大限度减少信息技术的负面作用,充分发挥信息技术的社会效益,促使其朝着有利于人类的方向发展。

---

① 张青. 把握四个关键点提升学生信息道德素养 [J]. 中国信息技术教育,2014 (14):78—79.

二、提升学生信息道德素养的关键点

经过对张老师班级的同学存在的问题进行深度剖析后,利用多媒体教学环境的功能对学生进行信息道德的培养,根据不同学生的不同情况设计主题活动,从根本上解决问题。具体可以提供给老师的解决策略如下:

1. 培养学生良好的网络社交行为礼仪

网络行为是现实中行为的延伸,决不可将网络视为可以隐姓埋名实施平时不能做的或不能说的行为的"法外之地"。培养良好的网络社交礼仪,能够让学生理解在网络与人交流或进行网络行为时,应该遵守的共同的行为规范。

网络一般有以下三大功能:交流、传播信息、娱乐。在交流方面,应培养学生尊重他人,有礼貌,不任意攻击、贬低、挑拨他人等;在传播信息方面,应培养学生不发布不实言论、违法信息、垃圾信息、不良文字或图片,不泄露自己或他人的隐私等;在娱乐方面,要培养学生不能影响他人,要注意其他人的感受等。如果能对学生的这些网络社交行为给以正确的培养,那么学生的网上行为将拥有规范和秩序的保障。

2. 培养学生信息道德判断标准和鉴别能力

网络上充斥着大量的不良信息和虚假信息,因此学会甄别有害信息、无用信息,提高对负面信息的鉴别能力和自我防护意识极为重要。青少年往往认为网上的内容就是事实,很容易被误导。

张老师班级里的一部分学生在线上学习过程中观看不良信息,根本解决办法在于培养准确的信息判断标准和鉴别能力。教师可以以具体事例说明网上非官方来源的信息可信度较低这一特点,尤其是来历不明的信息、弹窗等,不要轻易点开。鼓励学生开动脑筋,对网上的信息做理性分析,对一看就是黄色、血腥、暴力的推送内容自觉抵制,不要打开。同时要引导、熏陶学生的道德品质,避免学生因好奇故意进入一些不良网站,从而提高学生的信息道德标准和鉴别能力。

3. 培养学生积极健康的兴趣爱好

信息道德教育不仅仅是知识教育，不能采取灌输教育的方式。要调动学生积极健康的兴趣爱好，引导学生通过实践自我建构，将信息道德知识内化，融入价值观体系，提升自身信息道德水平。例如，爱好绘画的学生进入绘画教学网站学习，喜欢看书的学生进入名著电子书网站浏览等。帮助学生树立正确的信息道德，提升整体素养。同时要注重线下社交活动和文体活动的参与，如适当的体育锻炼、同学间的正常交往等，创造丰富多彩的业余生活。

信息技术教育既要注重成才教育，又要注重树人教育。信息道德教育即树人教育的最佳途径。正如陶行知先生所言："千教万教教人求'真'，千学万学学做'真'人。"

样例展示

本节将提供一个基于启发式教学模式的真实样例，为教师提供培养学生信息道德素养的参考。具体分析流程如下：

样例：根据主题活动培养学生网络信息道德

本案例来自薛老师的班级，是一节主题活动课。

【活动主题】

培养学生的信息道德

【目标与内容】

1. 养成良好的网络社交行为礼仪；

2. 理解信息行为的道德判断标准，提升鉴别能力；

3. 正确认识和对待网络游戏，恰当处理虚拟时空和现实世界的关系等。

【活动对象】

小学四年级学生

【活动形式】

通过提前准备好的多媒体课件，和学生开展一次网络信息道德主题班会，同时利用网络资源搜索真实案例，引导学生意识到信息道德的重要性，从而提高信息道德水平。

【活动过程】

一、创设情景，导入新课

以那英的歌曲《雾里看花》引入本课课题。

"雾里看花，水中望月，你能分辨这变幻莫测的世界……"你知道我们身边有哪些不良诱惑吗？网络的诱惑、金钱的诱惑、黄赌毒的诱惑、邪教的诱惑……"借我一双慧眼吧，让我把这纷扰看得清清楚楚、明明白白、真真切切"……

请问，能不能用我们的慧眼认清网络的危害，并果断地拒绝它们呢？

二、合作交流，探究新知

通过观看网络成瘾的一些案例，了解网络成瘾的特征。

材料一：成绩优秀、关心集体的小杰，被网络所吸引，沉迷网络，学习成绩下降，后来为了上网费，走上了抢劫的犯罪之路。

材料二：2020年1月至9月，某省检察机关共批准逮捕未成年犯罪嫌疑人177人，提起公诉343人。开展社会调查534次，对未成年人开展法治巡讲379次，参观法治教育基地6次，发放法治教育宣传资料30144份。

材料三：2004年6月1日，某市一名小学6年级女生因网上聊天与同学发生争吵，之后她在学校内用刀杀死了与之争吵的同学，引起轩然大波。家长们由此发现，很多中小学生在回家后，会花大量时间在网上聊天。中小学生聊天的对象往往是自己的同学，如果和陌生人聊天发生不快，可以不理对方了事，但如果是和同学在网上发生争吵，虚拟网络空间就会引发现实矛盾。由于网上聊天互不见面，说话不留情面，矛盾容易加深，一旦矛盾激化就可能酿成惨祸。

三、观察特征，深入探究

根据网络成瘾的特征，深入探究，深刻了解网络成瘾的危害，主要体现在以下五个方面：

1. 摧残身体，影响健康；

2. 心理受损，人格异化；

3. 滋生是非，扰乱治安；

4. 影响学业，贻误终生；

5. 安全隐患，危及生命。

四、范例解析，深化新知

传说古希腊有一个海峡女巫，她用自己的歌声诱惑所有经过这里的船只上的人，使船触礁沉没。智勇双全的奥德赛船长勇敢地接受了横渡海峡的任务，为了抵御女巫的歌声，他想出了一个办法：让船员把自己紧紧地绑在桅杆上，这样，即使他听到歌声也无法指挥水手；并让所有的船员把耳朵堵上，使他们听不到女巫的歌声。结果，船只顺利地渡过了海峡。

讨论：

1. 奥德赛船长如何使船只顺利渡过了海峡？

2. 从这个事例中，你能否找出自觉抵制不良诱惑需要的条件？小明今年13岁，是某校初一学生。他原本聪明伶俐、品学兼优，去年曾荣获省中小学生计算机网络知识竞赛一等奖。但他自从在网吧迷上网络游戏后，每天一放学就往网吧里跑，双休日则更是无所顾忌，全天泡在网吧里，有时还和同学们在网吧里"包夜"，十分痴迷。

请问，你有拯救小明的好主意吗？

通过古希腊的一个神话故事，和关于小明同学的一个案例，让学生分组交流探讨其中的问题，从而得出戒除网瘾的一些方法。

五、畅谈收获，归纳总结

根据学生的探讨结果，教师归纳总结出戒除网瘾的一些切实可行的好方法：

1. 上网时间计划。在一个月内逐步减少上网时间，最终实现偶尔上网或不上网。

2. 启动奖励机制给予适当刺激。网瘾者能按计划执行，则建议家长给予奖励（用代币制），即每周发给适当的代币，到月终兑换为现金。做不到时则罚，但不可打、骂。

3. 建议家长安装一些学习软件和有益于身心健康的游戏，与孩子一起制作一些软件，引导孩子登录一些好的教育网站，鼓励孩子通过收发电子邮件的形式与同学、老师、亲戚、朋友沟通交流。

4. 培养孩子健康的兴趣爱好，在获得孩子同意的情况下参加如绘画、航模、音乐等第二课堂的学习。

5. 满足青少年充实的精神生活和娱乐需要，可以在学习之余根据孩子自己的喜好安排如游泳、打球等一些户外运动，让孩子劳逸结合地学习，

6. 有意地让孩子参加一些社交活动，与同伴建立友谊，学习之余，去看一场电影或是体育比赛、组织郊游等。

让网络成瘾者感受到除了网络以外的丰富多彩的生活，转移分散其对网络过分的注意力，真正地戒除网瘾。

六、作业布置，延伸新知

正确认识和对待网络游戏，恰当处理虚拟时空和现实世界的关系。

【样例评析】

样例中，薛老师通过多媒体课件，开展网络信息道德主题班会，同时利用网络资源搜索案例，引导学生意识到信息道德的重要性，有利于学生对信息道德的观念、行为等有更深刻的感悟。

一是有效依托现代信息技术手段模拟真实情境，实现育人目标。通过歌曲、视频等信息技术手段把学生带入到真实的情境和心理中。真实的案例视频可以让学生直观感受到因网络成瘾等行为导致的不良后果，并以此为戒。

二是有效借助多媒体教育资源实施交互教学活动，引发深度思考。通过

案例解析和利用网络进行讨论、问答等环节，学生可以通过讨论、分享、展示等对自觉抵制不良诱惑需要的条件和戒除网瘾的方法等开动脑筋，认真思考，形成深刻印象。

三是有效发挥多媒体数字资源的教育教学作用，提升信息素养。通过幻灯片对文字、图像等进行直观展示，让学生能够一目了然，并对网络成瘾的特征，如何培养良好的、积极健康的兴趣爱好的方法等形成记忆。

工具索引

上述案例中，在进行主题活动的时候，利用到的工具主要有幻灯片、视频播放工具、音频播放工具。下面将对上述用到的工具进行简单介绍。

腾讯视频播放器

腾讯视频播放器原名 QQ 直播，是一款由腾讯开发的用于通过互联网进行大规模视频直播的软件。它采用了先进的 P2P 流媒体播放技术，可以确保在大量用户同时观看节目的情况下，节目依然流畅清晰。同时具有很强的防火墙穿透能力，为用户在任何网络环境下收看流畅的视频节目提供了有力保障。而且所有流媒体数据均存放在内存中，避免了频繁直接访问硬盘数据而导致的硬盘损坏。

第六节　学生信息安全意识培养

案例启思

某实验小学的五年级学生小吴，平时喜欢上网打游戏，并在游戏中结识了一名网友。一次打完游戏后，该网友对小吴说，自己有个比较好的赚钱方法，那就是浏览某软件中的短视频，看够时长即可赚钱，并需要一个银行卡用来"收钱"。小吴非常高兴，立即按照网友所说的办法将自己的姓名、手机号、银行卡号和密码输入到一个网站中，注册成为该软件的会员。随后，小吴收到该网友发来的链接，打开后进行安装，发现这是一个国外的短视频软件，其中有一些暴力、色情的视频。小吴好奇地点击后，电脑竟然中了病毒。随后小吴发现自己的手机收到了一条转账消息，因为自己将银行卡号和密码输入到非法网站，导致银行卡里自己辛苦积攒的零花钱被盗取了。

问题剖析

上述案例中的学生小吴信息安全意识淡薄，缺乏自我保护意识，随意泄露个人信息，是他上当受骗的主要原因。据调查，人们认为在所有安全隐患中，信息安全意识缺乏是最大的安全隐患，占 47.6％的比例，提高信息安全意识的重要性由此可见。

学生如果没有从小树立信息安全意识，教师忽略信息安全意识方面的教育，必然带来巨大隐患。

一、个人隐私保护意识缺乏，导致经济损失

在上述案例中，小吴同学因向不知底细的网友泄露了自己的姓名、手机号、银行卡号等隐私信息，导致零花钱被转走，受到了经济上的损失。

个人隐私数据就是指个人不愿被外人所知的信息的合集，包括但不限于出生年月、年龄、电话号码、家庭财务状况、家庭成员情况等等。这些个人隐私数据泄露，如果普通人获得或许并没有太大作用，但一旦被一些不法分子获得，那就容易产生恶劣的后果。

如果一个陌生人能够说出一个学生的隐私，例如家里的地址、爸爸妈妈的名字等，学生将会很快建立对他的信任，并相信他说的一切，这就给诈骗分子带来了机会。甚至一些商家获得了个人隐私也大有用途。在平时的生活

中，手机通讯录、相册等，也属于隐私信息，不要被别人轻易获取。

案例中，小吴不懂得保护自己的资料，缺乏隐私意识，导致了财产的损失。

二、防毒、杀毒的意识缺乏，导致电脑中毒

案例中，小吴打开了网友发来的链接，但并没有试图查证这个链接是否安全，最终导致自己的电脑中了病毒。

很多中小学生由于对网络的操作不熟练、好奇心重、粗心等，会打开陌生人发来的链接或者安装没见过的软件。尤其当这些链接或软件带有"游戏""视频""动漫"等能够引起学生兴趣的标签时，他们会不假思索地点击进去，并且无限制地安装软件。很快这些电脑就会出现弹窗、卡死、中毒的迹象。这都是因为未成年人对于病毒是什么，如何防毒、杀毒的知识学习得不够，甚至没有学习过相关知识。

三、缺乏鉴别能力，导致接收不良信息

学生正处于心理和生理成长发育的阶段，由于没有形成成熟的人生观，没有太多的阅历，导致多数学生没有正确的鉴别能力。一些网站上的血腥、色情、暴力等不良信息很容易给学生的心理造成伤害，导致心理扭曲。

案例中的小吴由于对软件中的非法短视频内容产生好奇心，便点击进去观看，可以想象小吴看到后必然对他的心理造成冲击，甚至对其以后的人格发展造成影响。一些缺乏正确引导、沉迷于网络不良信息的孩子，性格孤僻、情绪低迷、不思学习，对挫折的容忍力和适应力很差，自制力弱，甚至出现人格障碍。

解决策略

经过对上述案例存在问题的深度剖析，学校必须加强学生信息安全的教育，使学生从小养成良好的信息素养和信息习惯。学校和教师要把信息安全

教育与学科教学结合起来，积极开展对中小学生的法制教育、网络道德教育、责任意识教育和自我保护意识的教育，增强青少年网络安全方法意识和网络道德意识。

一、信息安全意识的内涵

信息安全方面的问题越来越受到大家的关注，可以在各种媒体上经常看到关于信息安全方面的新闻消息。信息安全包括的范围相当广泛，其中就包括如何防范青少年对不良信息的浏览、防范个人信息的泄露、不轻信和传播网络谣言等方面。所谓信息安全意识，就是人们在面对信息本身或信息可能对外界环境造成损害时一种警觉的心理状态。

学生信息安全意识，即在日常学习生活中，察觉、识别、发现、解决与自身紧密联系的信息安全问题的能力，以及严格规范自我安全行为的修养，具体可包括认知、技能、道德等方面的素质，最终确保个人设备、计算机信息网中的硬件、软件、数据安全，形成牢不可破的防护体系[①]。

学生对个人信息安全认知比较模糊。学生个人信息泄露的问题不断发生，其中，最主要的原因是学生对个人信息的定义和认识不够清楚。基本的个人信息包括姓名、性别、年龄、身份证号码、电话号码、Email 地址及家庭住址等在内的个人基本信息，成人的基本信息会包括婚姻、信仰、职业、工作单位、收入等相对隐私的个人信息。设备信息主要是指消费者所使用的各种计算机终端设备（包括移动和固定终端）的基本信息，如位置信息、WiFi 列表信息、Mac 地址、CPU 信息、内存信息、SD 卡信息、操作系统版本等。账户信息主要包括网银账号、第三方支付账号、社交账号和重要邮箱账号等。隐私信息主要包括通讯录信息、通话记录、短信记录、IM 应用软件聊天记录、个人视频、照片等。社会关系信息主要包括好友关系、家庭成员信息、工

---

① 《网络安全意识教育面面观》本期专题访稿［J］. 信息安全与通信保密. 2016（10）：30—40.

作单位信息等。网络行为信息主要指上网行为记录、消费者在网络上的各种活动行为，如上网时间、上网地点、输入记录、聊天交友、网站访问行为、网络游戏行为等个人信息[①]。

二、学生个人信息安全意识培养途径

在我国现有的《中华人民共和国网络安全法》中，对个人信息都有具体的保护条例，对保障网络安全、维护网络空间和国家网络安全都具有重要意义。但到目前为止，大部分学生对个人信息的保护意识较低，对于要求填写个人信息的网站安全性没有了解，导致大量的个人信息泄露。

教师要指导、帮助学生正确认识网络，关注学生的网络生活，认识网络中虚拟社会与现实社会的区别，提高自控能力。具体可以提供给老师的解决策略如下：

1. 教育学生有效保护个人数据隐私

害人之心不可有，防人之心不可无。在网络世界里，从意识上保持对一切的"怀疑"，教育学生不可以随便透露自己的隐私，是建立学生信息安全意识的重中之重。

当收到"中奖"信息的时候，不要被"天上掉馅饼"砸晕，而天真地以为"自己的运气就是那么好"，从而填写地址、电话、银行卡等信息；当接到银行电子邮件，说密码过期需要更新的时候，在查证之前不要点击链接……网络上的陷阱防不胜防，最根本的在于形成个人数据隐私意识，才能防患于未然。

2. 教育学生养成防杀病毒、信息备份的习惯

小吴作为五年级的学生已经体会到网络在生活和学习中的重要，并且有了登录网站、下载游戏等操作技能，但对计算机病毒的了解并不深入，没有

---

① 汪胜祥. 基于大数据时代的高校学生个人信息安全意识培养途径［J］. 科技经济导刊，2020，28（21）：27.

防范意识。

对于常见的计算机病毒，多数学生在信息技术课程中进行过了解和认识，但比较基于表面，很少对自己的电脑进行病毒的防护和查杀。教师应教育学生通过了解计算机病毒的危害，加强信息安全意识和法律意识，并根据学生实际情况让学生了解病毒的特征和学习查杀计算机病毒，且对于电脑中重要的资料，教育学生要养成备份的习惯，以免无意中电脑中毒，资料丢失。

3. 教育学生了解不良信息的危害

小吴同学接触不良信息的原因之一是没有教师的正确引导和教育。

教师要让学生明白和了解什么是不良信息，不良信息对我们有什么危害，并关心学生的上网活动，引导、管理和监控学生进入安全、放心的网站，进行健康的网上学习、游戏和娱乐。

教师还应该把学生的信息安全意识与学生思想教育结合起来，只有以社会主义核心价值体系作为网络信息安全教育引领，才能帮助学生减少对网络不安全因素的困扰，达到我国社会主义接班人的培养目标。经过课堂实例和社会调研实践，学生充分知道什么样的上网行为是危险的，如何保护自己的信息安全，知晓信息泄露带来的后果。

样例展示

依据学生认知风格进行分组教学

本案例来自孙老师的班级，在综合运用任务驱动教学模式、情境式教学模式、启发式教学模式和交互式课堂教学模式实施教学的过程中，呈现信息安全教育主题系列活动内容，活动时间为一个月。

1. 主题活动的目的

（1）了解什么是网络信息安全，了解维护信息系统安全的一般措施。

（2）掌握网络存在哪些信息安全威胁，会带来怎么样的后果，应如何有效保护自己的信息。

（3）培养学生安全地使用网络信息技术，增强学生的信息安全意识。

2. 活动重点

在活动中对学生信息安全意识和行为进行培养，从而帮助学生判断网络环境的安全性，帮助学生理解信息安全的重要性，提升信息安全意识；有效地保护个人数据隐私；养成电脑防毒、杀毒和信息备份的习惯；识别和抵制不良信息；了解赌博、暴力、色情等网络产品对人的危害；提高对网络违法违规行为的鉴别能力，正确认识和对待网络游戏，恰当处理虚拟时空和现实世界的关系。

3. 活动内容

（1）知识层面的培养。组织学生学习《全国青少年网络文明公约》《计算机信息网络国际互联网安全保护管理办法》等相关法律法规，在信息课上开展"虚拟世界的现实思考"的讨论，使学生树立信息安全意识，学会病毒防范、信息保护的基本方法；同时了解计算机犯罪的危害性，逐步养成安全的信息活动习惯。在使用因特网的过程中，认识网络使用规范和有关伦理道德的基本内涵，能够识别并抵制不良信息，树立网络交流中的安全意识。增强自觉遵守与信息活动相关的法律法规的意识，负责任地参与信息实践。了解信息技术可能带来的不利于身心健康的因素，养成健康使用信息技术的习惯。

（2）学以致用层面的实践。结合课本，在年级开展综合活动——"信息技术与社会问题辩论会"。通过参加这样一个辩论会，要求学生自觉拓展信息技术及安全方面的知识，同时提升综合活动能力。开展做一个"网络社会"的好学生活动，让学生们通过多种途径了解信息活动过程中存在的一些问题及其危害，掌握有关网络道德规范的知识，掌握一些国内外的信息安全法律法规知识，同时让学生了解在信息活动过程中存在的消极因素，学会识别和抵制不良信息，增强在网络交流中的自我保护意识，争做"网络社会"的好学生。

（3）案例分析，用事实说话。通过身边的实际案例，晓之以理，动之以情，让学生知道他们的人生观、价值观、道德观正处在转型期，如果缺乏网络信息安全意识，经不住网络中形形色色的不良诱惑，就容易造成一些惨剧的发生，同时造成人格上的扭曲，甚至走上违法犯罪的道路。

案例：

一天，辛智对权慧说："我想搞个恶作剧，在班级论坛上宣布体育加试延期的假消息。网上有一些黑客软件，你愿不愿意和我一起找来试试？"

作为辛智的好朋友，权慧应该怎么做呢？

分析：

（1）小组讨论：要找家长、老师或同学及时劝阻，防止这种行为；告诉他宣布假消息和找黑客软件行为都是错误行为，甚至是违法的……

（2）结果归纳：辛智的行为是不道德的，是违法的，也会引起同学们的恐慌，扰乱网络安全的秩序，要劝阻他不盲从、不迷信，要提高上网行为自负的意识，在上网过程中不仅要遵守规则，还不能伤害别人。所以在使用互联网时要友好交流，不侮辱、欺诈他人，不做伤害他人的事，一定要注重网络安全。遵守网络道德，一旦行为超越了他人可以容忍的范围，可能会造成严重后果，不仅会受到道德的谴责，还会受到法律的制裁。

4. 工具与方法

为了提高活动效果，活动中使用了幻灯片、音频、视频等教育资源展示手段。

【样例评析】

样例中，孙老师根据学生实际情况，借助信息技术支持，对学生进行了信息安全的教育，培养了学生的信息安全意识。通过任务驱动教学，学习网络文明公约、网络安全法律法规等，拓展了学生的知识面，增强了学生的法律意识。

一是借助技术强化信息安全意识。通过辩论会，学生在任务驱动下通过查找资料、共享、讨论等环节的学习活动，掌握了信息技术与社会相关问题的知识，加深了对信息安全的理解，并且学习了识别和抵制不良信息，增强了自我保护意识。学生在利用信息技术查找资料和利用网络进行共享、讨论的环节中，也体会到信息安全的作用。

二是借助技术感悟网络安全的重要性。通过幻灯片和微课、视频等展示大量的案例分析、新闻报道，学生在活生生的事实面前受到冲击，感受到信息安全意识淡薄的严重后果，从而形成信息安全保护意识。在案例分析中，教师利用信息技术展示图片、视频、文字等直观案例，通过启发式教学，学生深刻感受到案例中网络安全的重要性。

工具索引

上述案例中，对学生进行信息安全教育利用到的工具主要有杀毒软件和与信息安全相关的法律法规。下面将对需要用到的工具做以简单介绍。

1. 杀毒软件

杀毒软件，也称反病毒软件或防毒软件，是用于消除电脑病毒、特洛伊木马和恶意软件等计算机威胁的一类软件。杀毒软件通常集成监控识别、病毒扫描和清除、自动升级、主动防御等功能，有的杀毒软件还带有数据恢复、防范黑客入侵、网络流量控制等功能，是计算机防御系统（包含杀毒软件，防火墙，特洛伊木马和恶意软件的查杀程序，入侵预防系统等）的重要组成部分。常用的电脑杀毒、防毒软件有 360 安全卫士、金山毒霸、瑞星杀毒、小红伞、火绒安全等。其中 360 安全卫士免费使用，安装方便。安装方法为进入 360 官网下载，使用方法为打开软件窗口，选择"木马查杀"。

2．信息安全相关法律法规

（1）《中华人民共和国网络安全法》

（2）《全国青少年网络文明公约》

（3）《信息安全等级保护管理办法》

（4）《电信和互联网用户个人信息保护规定》

（5）《通信网络安全防护管理办法》

3．青少年专用浏览器

青少年可以使用专用的浏览器，如花儿世界、淘米浏览器等。这些浏览器都能从根本上杜绝不良网站对于少年儿童的影响，保护青少年儿童的信息安全，培养学生良好的上网习惯。这些浏览器屏蔽掉了大部分不良网站，推荐给青少年儿童的是一些益智的、有趣的、适于青少年浏览的网页内容。

第五章
多媒体环境下的教学评价

开 篇 小 语

　　学业评价是指以国家的教育教学目标为依据，运用恰当的、有效的工具和途径，系统地收集学生在各门学科教学和自学的影响下，认知行为上的变化信息和证据，并对学生的知识和能力水平进行价值判断的过程。其目的是分析学生学习结果，包括学习作品和学习过程。

　　在多媒体教学环境下，教学评价一般分为过程性评价和总结性评价，过程性评价指的是在课程实施的过程中进行的评价，总结性评价以考查学生的知识与技能的掌握程度、实践问题的解决程度等作为评价标准。评价程序的步骤一般为确立评价标准、决定评价情境、设计评价手段、利用评价结果。本章将根据以上内容对多媒体环境下的教学评价进行解读。

第一节　评价量规设计与应用

案例启思

　　李老师在教学时为了便于评价，设计了一个分别有"优秀、良好、及格"三个标准的表格，让同学们在成果展示环节进行互评。在实施课堂上常常面对这样的情况：学生们在同样的学习时间内，完成同一个主题的驱动任务，最后得到老师或同学们的评价却不一样。有的同学向李老师提出疑问，认为自己的作品并不比另一名同学的作品差，可却没有得到同样优秀的评价，导致该学生很迷茫。个别同学甚至认为学生互评环节因为掺杂了同学关系等因素，评价并不公平，老师也很难给学生一个满意的答复。而且李老师在口头评价时因使用的大多数评价用语是"非常好""很棒""很好，但还需要改进""继续努力"等，获得好评的学生并不知道自己的哪一部分具体操作比较优秀；还有部分学生因不知道该从什么地方加以改进，甚至在课程后半段放弃了努力，导致课堂效果不尽如人意。

问题剖析

一、无量规评价，导致评价没有根据

　　在没有一个标准的前提下，学生会产生"为什么我的成果不如别人、他的作业比我的好在哪里"等等疑问。因此，教师需要设计出一种结构化的评价标准，它往往从与目标评价相关的多个方面详细规定评价指标，用来评价学生的学习成果和学习过程，指导、管控、改善学习行为。在课前为学生呈现评价量规，可以对学生的学习起到导向作用。

上述案例中李老师在教学中没有设计评价量规，导致教师和学生在教与学中进行评价时无据可依，只能根据主观来判定。在本案例中基于任务驱动的教学模式是教师对学生学习过程和效果进行评价的最好模式，如果没有设计评价量规，那么将无法达到教学评价应有的效果。

二、无意义评价，导致评价无法量化

案例中，李老师的评价缺乏具体量化标准。"你做得真好！"这种评价虽然让学生高兴，但是到底好在哪里，学生并没有搞清楚。这种"无意义"评价使学生求知不深入，也会使评价失去公平性，无法作为有效的促进教学的工具，更无法针对多类型的学习活动进行个性化评价。同样，"还需努力"的评价无法具体地诊断出该生的学习过程或结果在哪个方面有欠缺，使学生不知道从什么方面进行改进。

三、不科学评价，导致评价准确度低

在生生互评的环节，学生往往会像案例中一样，怀疑其他同学对自己的评价的公平性和准确性。因为学生毕竟不是老师，不可能像经过了反复备课并熟知教学目标和方法的教师那样准确并迅速地判断出同学学习过程与任务的完成程度和水平，他们的评价往往千篇一律，缺乏针对性和准确性。因此，学生之间的评价往往会出现以下问题：一是学生的评价难免有片面性。二是学生会简单地从自己的好恶出发去评价。三是学生不一定说真话。四是学生不知道从哪些角度评价。综上所述，科学的评价方式在学生之间的互评环节显得尤为重要。

解决策略

一、教学评价的内涵

所谓教学评价，是指运用一系列可行的评价技术和手段评量教学过程和效果的活动，以期确定教学状况与教学期望之间的差距，确定教学问题解决对策[①]。其根本目的是确保改善学与教的效果，它是根据具体某学科的教育目的及原则，对教学过程和所产生的成果进行定性的测量，进而做出价值判断，并为学生的发展程度和教学的改进提供依据。科学的评价体系是实现教学目标的重要保障，学生既是教育的对象，又是学习的主题，因而学生的工作在整个教育过程中起着重要的作用。但传统的评价理论落后，评价方式单一，失去了它应有的意义，严重制约着课程改革与发展，对学生的学习很少起到指导作用。

二、信息化教学评价的内涵

随着信息化时代的到来，教育观念及教学策略等正在发生着深刻的变革，以多媒体技术为基础的教育形态……多媒体技术教育必将取代传统的教学模式，教育观念的变化必然引起教学评价的相应变化，信息化教学评价随之诞生。所谓信息化教学评价，是指根据信息化教学理念，运用系列评价技术手段对信息化教学效果进行评量的活动[②]。信息化教学评价的特性如表5-1-1所示：

表5-1-1　信息化教学评价的特性

指标	描述
评价内容	强调对实践能力、创新精神、心理素质，以及情绪、态度和习惯等综合素质的考察
评价标准	重视个体差异和个性化发展的价值
评价方法	采用体现新评价思想的、质性的评价手段与方法
评价主体	形成教师、家长、学生、管理者等多主体共同参与、交互作用的评价模式
评价重心	过程与结果同样重要，评价是教学活动的一部分

---

① 闫寒冰.信息化教学评价：量规实用工具［M］.北京：教育科学出版社，2003.

② 祝智庭，顾小清，闫寒冰.现代教育技术：走进信息化教育［M］.北京：高等教育出版社，2005.

三、评价量规的内涵

信息化教学评价采用过程评价、作品评价、集体评价、结构化评价的方式，新的评价方法有很多共同的特征：过程与结果一样重要；评价是和教学活动结合在一起的；想方设法为学生们提供机会，对多方面的学习过程和结果进行评价。为了确保评价的公平性、可信性和可靠性，需要有一套标准。传统评价只是以对错来划分，而新的评价是在一套清晰、直观的标准指导下，通过多种渠道进行划分，把过程看得和结果同样重要，所以，建立相应的量规会使评价更直接。

量规是一种结构化的评价标准，它往往是从与评价目标相关的多个方面详细规定评级指标，具有操作性好、准确性高的特点，在以往的教学评价中，特别是在评价非客观的试题或人物时，人们已经不自觉地应用了这种工具。例如，教师对学生作文的评价，往往会分别就内容、结构、卷面等方面所占的分数进行规定，以便更有效地进行评价；犹如教师在期末评价学生一学期的表现时，也会从学生的学业成绩、劳动与纪律、同学关系等多个方面进行综合考虑，给出优、良、中的等级评定。但其自觉性、规范性，以及对量规这种工具重要性的认识还是远远不够的。随着教育信息化的发展，越来越多的试题或学习任务是以非客观性的方式呈现的[1]。

四、量规的应用时机与策略

1. 有据可依：学习前出示评价量规

在使用量规前通常为学生展示一个量规评价范例，为学生提供一个"可视化"衡量样本。在教学活动开始之前向学生适当展示量规的结构与内容，学生能够根据该可视化的学习目标明确自己的学习行动目标与计划。

学生对照量规了解、熟悉学习目标与内容。在学生自评阶段，学生依据量规中描述性指标反思并改进学习过程，最终对自己完成的学习任务进行评

---

① 李桂芹. 信息化教学评价量规的设计及应用研究［D］. 南京：南京师范大学，2005.

价。在点评阶段，教师提供及时的反馈信息，引导学生合理地进行自我评价，或者对其他同学的学习任务质量情况给出客观评价。

2. 量化诊断：学习中注意量规要求

首先，评价量规中的指标可以让学生明确学习的目的以及要呈现的效果。

其次，可以让学生依据量规对自己和其他同学的学习任务进行诊断。量化评价可使评价有一个准确的定位，有助于正确地判断自己与他人的作品的质量，引导被评价学生更好地发现并解决完成任务过程中出现的问题，达到预期的质量标准。

再次，量规可使教师的评价具体而有针对性，具体如"你的主题设计包含六个方面，每个方面主题明确，并在视觉上有整洁和统一的色彩版面设计。需努力的地方是包含的内容不够完整"，从而促使学生不断做出改进和调整，以更好地实现预期的目标，提高学生任务完成的质量。

3. 科学准确：评价时配合使用工具

在信息化的课堂教学环境中，使用量规工具能够获得学习效果评价的即时数据。在利用信息化教学资源库进行教学活动时，可以利用量规工具实现学习效果评价功能。

在资源库教学运用过程中，教师可以借鉴并拓展多元化评价的已有成果与方法，将课程总体评价量规和作品评价量规与具体的学习内容和学习活动相结合，嵌入到精品资源共享课网站中，以评促教，教评结合。

样例展示

本案例来自某小学三年级信息技术课堂，课程内容为冀教版小学信息技术教材第一册的第十七课《古诗配画》。它是在学生初步了解 word，学习了打字、排版、插入图片的基础上，让学生在任务驱动教学中，完成图文创作的重要一课。

1. 评价目的

正确评价学生作品，让学生明白如何正确插入图片，调整格式，有效、合理、美观地处理文字与图片的搭配，为以后利用办公软件进行图文创作打下坚实的基础。

2. 教学主题

本案例是王老师教授的一节三年级的信息技术课，教学主题是"古诗配画"，主要培养学生利用学过的办公软件技能设计出图文并茂的古诗集，并制作和欣赏图文并茂的精美文章，养成正确处理信息、应用信息的信息素养和良好的审美情操。教师充分利用教材中的知识，激发学生学习兴趣和自主探究的欲望，采用"任务驱动"的教学方式，设置递进式的任务贯串始终。

3. 教学目标

（1）知识与技能：掌握在 word 中插入图片、为文字合理配图的方法。

（2）过程与方法：通过任务驱动，在评价量规的标准指导下，自主学习微课，给古诗配画；通过小组合作、学生自评与互评等活动提升学生的图文处理能力。

（3）情感态度与价值观：培养学生对中华古典文学的喜爱，并提高学生的审美情操。

4. 教学重难点

重点：在 word 中插入图片，设置图片格式。难点：利用 word 软件，对图文的格式进行编排与设计，实现图文的美观，体现诗文的意境。

5. 工具与方法

为了提升学习积极性和学生兴趣，让学生在明确的教学目标的引导下参与任务活动，并能够科学、准确地对自己和他人的作品进行评价，王老师在课前利用"量规之星"网站，设计了本节课的评价量规。

该量规的设计符合以下特点：

（1）根据教学目标和学生的水平来设计结构分量；

（2）根据教学目标的侧重点确定各结构分量的权重；

（3）用具体的、可操作的描述语言清楚地说明量规中的每一部分；

（4）同一评价点必须出现在量规的每一个水平中；

（5）量规水平分级必须尽可能等距离；

（6）尽量让学生参与评价量规的设计。

在本案例中，王老师设计了如下评价量规，并在教学中应用，使师生的评价能够有据可依，学生根据评价量规自评互评并提升自己的作品质量，提升了课堂教学效果。

项目	要求	达到此要求的得分	自评得分	互评得分
内容 （共 40 分）	搜集的古诗资料正确，图片符合古诗大意，能够与古诗搭配。资料充分，古诗集中有 7～10 首古诗，并能与他人合作	40 分		
	搜集的古诗资料正确，图片符合古诗大意，能够与古诗搭配。资料比较充分，古诗达到 5～7 首，并能与他人合作	30 分		
	搜集的资料较少，古诗仅有 5 首以下或者所配图片不能与古诗匹配	10 分		
图片的应用 （共 40 分）	图片支持了所表达的内容且图片格式设置正确，图片数量与古诗匹配	40 分		
	图片基本支持了所表达的内容，图片格式设置正确，图片数量比古诗少	30 分		
	图片格式设置不正确，挡住文字或图片缺失	10 分		

项目	要求	达到此要求的得分	自评得分	互评得分
布局与 色彩搭配 （共20分）	布局合理，色彩搭配协调，吸引观众的注意力	20分		
	布局基本合理，色彩不单调	10分		
	布局凌乱，色彩不协调或色彩布局使观众注意力分散	5分		
总分				

【样例评析】

样例中，王老师科学地利用评价量规，引导学生对作品进行精准的自评、互评，并进行量化打分。不仅使学生在评价过程中有据可依，还使学生在学习过程中有了目标的参考，能够对重点、难点等学习方向有所把握。具体有以下优势：

一是做到了目标与评价的结合。教师按照评价量规去设计和实施课堂学习活动，学生按照课前教师给出的评价量规进行精准学习和评价，使评价发挥出最大的积极作用。

二是有利于教师的教学反思。教师根据学生的自评和互评对自己的教学行为和学生的学习效果进行反思和再改进，并对本课的教学效果做出量化和质性的评价。

三是做到师生互动和课堂教学结合。师生利用信息技术进行自评、互评、展示等环节，信息技术提供分享的平台，学生利用信息技术手段进行小组的学习行为、学习效果、合作与创新等的活动和评价。把评价贯串于课堂教学的每一个环节，使以学生为主体的教育、赏识教育、激励教育等落实在师生互动、生生互动的评价之中。

工具索引

量规资源库又称为量规生成器，它来自网站，教师首先应了解量规资源库的结构、内容与特点，选择与自己所创建量规相类似的量规，复制其中对自己有帮助的语言描述。

英特尔未来教育的量规资源库：

网址：http：//educate. intel. com/cn/AssessingProjects/Assessment-Strategies/index. htm

特点：这是一个已经全部翻译成中文的量规资源网站。进入这个网站后，需点击工作空间标签，在注册之后，能够分享该空间中的量规，这里提供了针对思维技巧、执行、印刷出版物、产物、解决问题能力、写作、过程、报告与随笔几个大类的上百个量规范例，并提供个人空间来复制、修订和存储自己需要的量规。

第二节　评价数据的伴随性采集

案例启思

王老师作为班主任，除了负责班级的语文教学工作外，还经常记录孩子们的德智体美等全方面的表现。每天她在进行教学前，习惯用下发学前"导学单"的方式，对学生进行课前评价，从而了解学生对基础知识的掌握情况。最近王老师却发现学生们常有不提交导学单的现象，导致他不能及时、精准地统计学生们的课前学习情况。上课时，王老师为了鼓励学生而准备了小花贴纸作为奖励，可是，孩子们经常会因为遗失小花贴纸而闹矛盾，为此，王老师和家长都无计可施。慢慢地，孩子们对于"小花"的热情不高，参与课堂活动的积极性大打折扣。王老师针对每个知识点，总会设计一些测试卷进行检测，但是，王老师发现家长们总是特别关注学生的成绩，而忽视了孩子在学校的整体表现，这使她的工作出现了反馈速度慢、统计效率低、评价不全面等问题，课堂教学和班级管理都没有收到预期的理想效果。

问题剖析

一、传统的课前评价工具导致学生评价不精准

王老师进行课前评价时，带着"集体教"的教学设计，为学生下发了统一的"导学单"，了解学生现有的知识水平，帮助学生更好地理解教学内容，以便在教学时从学生已有的经验出发，设计符合学生认知水平的教学活动，目的比较明确。但是王老师用导学单，只是注重了学生群体的共性分析，淡化了班级学生个体差异的分析，这会导致大部分分析没有针对性，还会使教学设计和课堂教学缺少实际的指导和借鉴的意义，使学情分析显得笼统、片面、形式，根本无法反映出学生的真实情况，也就无法制定有针对性的教学计划。

二、缺失的课中评价过程导致学生评价不完整

为了实现"数据"＋"证据"为基础的教育评价，王老师采取了下发小贴纸的方式进行评价。然而这类信息多是采集学生的学习状态信息，属于静态信息，而学生在学习过程中实时产生的诸多动态信息，如学习路径、学习行为等未能实现有效采集。

不完整的数据采集势必会影响评价结果的准确度和可信度，也会制约大数据下教育评价的实施，因而教育全过程数据的采集研究是大数据应用与教育评价的关键要素。

三、单一的课后评价形式导致学生评价不全面

王老师在课后评价时，用测试的方式对学生进行评价，评价的维度单一，忽视了学生评价的全面性。2013 年颁布的《教育部关于推进中小学教育质量综合评价改革的意见》强调要改革评价方式，将定量与定性评价相结合，注重全面客观地收集信息，根据数据和事实进行分析判断。该意见说明，教育质量评价不再单一地依托考试成绩，而是要将学生发展的所有信息收集、整理、分析并得出结论性的认识，也就是说，要基于"数据"和"证据"对教育质量做出评价。

解决策略

教育评价是为了让我们更好地了解学生，审视我们的课堂和教学过程。《国家中长期教育改革和发展规划纲要（2010－2020 年）》指出："要改进教育教学评价，根据培养目标和人才理念，建立科学、多样的评价标准。开展由政府、学校、家长及社会各方面参与的教育质量评价活动。做好学生成长记录，完善综合素质评价，探索促进学生发展的多种评价方式。"利用数据可以更好地改善我们的教学。

一、伴随式评价的内涵

依据评价专家斯蒂金斯（Stiggins）的研究结果，教师在评价及其相关活动上花费的时间，占比是其日常教学时间的三分之一甚至一半[1]。由此可见，评价是教学中非常重要的一环。而且，真实、有效、可靠的评价是改进教学实践、提升教学效果的关键[2]。但评价的理念与方式不是一成不变的，而是随

---

[1]　Huebschmann S，Kralisch D，Hessel V，et al. Environmentally Benign Microreaction Process Design by Accompanying (Simplified) Life Cycle Assessment［J］. Chemical Engineering & Technology，2009，32（11）：1757－1765.

[2]　Naeini J，Duvall E. Dynamic assessment and the impact on English language learners' reading comprehendsion performance［J］. Language Testing in Asia，2012，2（2）：22－41.

着教学环境、人才培养目标与需求、学生的发展需求的改变而不断进步与发展的，依据对评价阶段的分析，现阶段的评价处于"促进学习的评价"的"伴随"取向阶段。因此，"伴随式评价"就是以"促进学习的评价"为理念的课堂评价在丰富多样的教学数据环境中发展来的产物。实质上，"伴随式评价"并不是一个固有概念，而是将生物工程等领域评价"伴随化"应用的理念沿用到教学评价中的一个新想法。从本质上来看，它以课堂评价为精神内核，以"伴随"教学全过程为趋势，是数据支持下的评价方式。

二、伴随式评价的价值

对比伴随化实施生命周期评估的目的与课堂评价的功能不难发现，这种伴随化的评价实施理念应用于课堂评价之中，存在着牢固的现实基础。其中，生命周期评估的第一个目的与课堂评价的诊断功能相对应，即可以通过监控、追踪学生的行为表现和情绪变化等学习数据，推断学生"学到了什么"，为教师诊断学生现在"在哪里"提供了夯实、有力的客观依据。第二个目的与课堂评价的预测功能相对应，即可以借助智能终端和应用统计学生的高频错题和相关知识点等数据，并从显性问题中挖掘、剖析潜在的隐性问题，为弄明白学生"未学到什么"以及"如何进行干预"提供指向明确、针对性强的指导。第三个目的则与课堂评价的导向功能相对应，即可以通过对比分析学生现阶段所处的知识、能力水平与课程目标之间的差距，确定"应当到哪里"的目标，并明晰"如何到那里去"。此外，借助对学生知识和能力的精确、个性化诊断，设置面向学生个体的学习目标，使得作业、练习、辅导推送等与个体水平相适应，让学生更多地参与到学习活动中，并从中获得学习的体验感和成就感，充分激发学习的兴趣和潜能，帮助其树立学习自信心，还可以更深入地发挥评价的激励功能。

在"伴随式评价"理念中，教学是一个连续变化的过程，多元、大量的数据在此过程中是不断动态产生的。因此，评价日益强调对学生信息的持续追踪与定位以及由此产生的反馈与干预，主张通过监控并持续评估这些生成性数据，来弥补阶段性获取数据的不足，从而达成促进学生进步与全面发展的目标。这为本研究依据教学流程连续追踪数据的变化与生成，梳理数据的生成与流动路径，并据此展开伴随、持续的教学评价，强化评价的全面性和可持续性提供了案例参考①。

三、伴随式评价的应用策略

为了实现以"数据"＋"证据"为基础的教育评价，可根据需要实时、有序地记录学习成果，优化数据采集的过程，丰富数据类型，为学生综合素质评价提供丰富的数据支持，达到全面客观地评价每一位学生的目的。

经过对王老师班级存在问题的深度剖析后，要从根本上解决问题。具体可以提供给老师的解决策略如下：

1. 关注课前评价数据采集，提高教学计划的精准性

从时间的角度上来看，教师的教学活动、学生的学习活动与课堂教学的评价活动统一于课堂教学活动中，即教师的"教"、学生的"学"、学习评价在时间上具有同步性；从内容的角度上来看，教师的"教"、学生的"学"、教学过程中的"评"三者具有共同的目标，在课堂教学中实现有机融合、相互促进，教师在课堂中，发挥着活动组织者和导学者的作用，形成"师促生学""多元评价""以评促学"的互动模式。

教师要在对课程标准、教学内容进行充分解读的前提下，结合学生的已有经验和学习情况制定出具有层次的教学目标与评价目标，教师还要充分考虑学生的差异性和层次性，所以设计的教学评价目标的出发点就是分层的，提倡以评价设计先行的方式，将细化的教育与评价目标结合具体的情景，设计一个表格，利用数据采集后的诊断与反馈，精准的设计教学计划，提高教学质量。

---

① 单必英. 基于动态学习数据流的"伴随式评价"活动研究［D］. 无锡：江南大学，2020.

2. 重视课中活动评价数据，提升课堂教学的有效性

教师要时刻关注学习过程。过程性评价关注学生学习过程中的学习方式，通过对于学习方式的评价，将学生的学习方式引导到深层式的方向上来。如，过程性评价中学生自评、互评的方法，可以使学生逐步把握正确的学习方式，树立正确的学习动机，掌握适合自己的学习策略。其结果是形成"深层式学习方式——高层次学习结果——深层式学习方式"的良性互动，重视非预期结果。

学生的学习过程是丰富多样的，不同的学生会有不同的学习经历，从而产生不同的学习结果。过程性评价将评价认为凡是有价值的学习结果都应当得到评价的肯定，而不管这些学习结果是否在预定的目标范围内。其结果是，学生的学习积极性大大提高，学习经验的丰富性大大增强。

因此，为了及时把握学生学习情况并实施干预、提供支持，也为了更为全面地评价学生学习行为和结果，教师需要在教学过程中及时采集评价信息，例如用电子表格记录和整理学生作业提交情况、课堂提问和回答情况、每周阅读书籍的情况等。

3. 丰富课后评价数据采集，保证学生评价的综合性

当前强调学生的发展性评价和综合素质评价，评价活动贯串学生的整个学习过程，覆盖学生在校园内外的学习活动和行为表现。多种来源、结构不同的数据汇总将用来分析学生的综合素质，并通过数据的不断积累，使各类参数和模型得以确立，以提高分析的精确性。

学生在学校内外的学习过程数据包括学习交互、学习行为、学习路径、各类过程性学习档案等，学习者个性数据则包括学生的生理、情感、认知状态数据等，以及各类以考试、作业、作品等形式展现的学习成果。只有不断丰富课后评价数据的采集，才能保证学生的评价具有综合性。

样例展示

　　教师借助信息技术手段，进行数据采集时，要关注是否把伴随式采集工具有机地融入到学生的学习之中。下面，我们以平泉小学李玲老师基于互动课堂教学中的真实案例为参考，明晰借助信息技术手段解决教学问题的方法。具体分析流程如下：

　　样例：借助平台互动工具，提升教学中评价数据的伴随性采集能力

　　1. 评价数据的伴随性采集的目的

　　本案例中，从学生的课前知识储备、学习过程中的知识认知、学习后的知识掌握等方面，分析不同学生对年月日的学习情况，也是对学生学习的一个精准分析，为教师对学生实施因材施教提供依据。

　　2. 教学主题

　　本案例为北师大版数学三年级上册《看日历》，教学目标是结合生活经验，认识年、月、日，了解它们之间的关系；知道大月、小月、平年、闰年。通过观察、比较会判断大月、小月、平年和闰年。在回顾、整理、观察活动中，能发现一些简单的规律，发展观察、判断和推理能力。经历与他人合作交流解决问题的过程，能倾听别人的意见，感受数学学习的快乐。

　　3. 教学对象

　　三年级学生有一定的抽象思维，想象能力、探究能力，自觉性、主动性、持久性都有所加强。本节课学生已经认识钟表，并且是在了解时、分、秒之间关系的基础上进行教学的。学生利用"人人通空间"的共享资源进行课前预习，利用网络工具进行评价，已经成为学生的一种学习习惯。创设机会为学生积极营造知识分享的环境，也是实现学生思维碰撞、智慧成长的一种学习途径。

　　4. 教学重点

　　认识年、月、日，了解它们之间的关系。

5. 学习难点

发现并掌握闰年的判断方法。

6. 工具与方法

为了解学生的已有知识基础，教师在新课讲授前利用人人通网络空间布置导学，学生通过填写《2020 年 12 个月日期信息统计表》，引导学生进行自学，学生通过在线检测上传统计表，教师利用人人通空间快速收集和分析学生信息，有效了解学情，从而改进教学设计。

课上，教师利用班级优化大师中的随机选人、个人评价、小组加分等方式，使学生积极主动地参与到课堂中，对每名学生的学习过程进行精准分析，也使学生的学习效果事半功倍。

课后，教师利用班级优化大师所提供的数据，进行分层作业布置，对学生进行有针对性的辅导，并对学生进行个性化评价，真正实现因材施教的目的。

【样例评析】

样例中，李老师改变了传统的评价方式，根据教学需要，借助人人通空间、班级优化大师等信息技术的支持，对学生学习的各个阶段进行综合评价。这些做法，有利于教师尽快把握学生学习动态，制订出适合每个孩子的学习策略，真正实现因材施教。

一是做到以学定教。课前运用人人通空间布置前置学习任务，进行学情诊断，指导教学设计，为教学活动的预设及其生成提供了基本依据，并为课上教学活动指明了方向。

二是注重因材施教。课中利用班级优化大师工具促进小组学生的互动，提高学生参与课堂的有效性。运用人人通空间及时定位学生发展，支撑教学的调整和改进。

三是实施以评促教。课后，利用班级优化大师工具记录的学生平时的课堂表现、作业及其他各方面表现情况精准分析学生的状态，了解学生的发展趋势，再通过积分排名、总分排序，查看学生个体情况和小组情况，依据有效的评价数据，促进教师实施有针对性的辅导，对每一个孩子实施精准教育，使孩子的能力得到全面的提升。

工具索引

上面的案例中，利用了人人通网络空间、班级优化大师等工具，对学生的学习过程进行评价，并对相关信息进行精准分析。此外，我们还可以用其他在线问卷调查工具或在线测试工具，对学生的学情进行调查。常用的问卷调查工具有问卷星、腾讯文档、小黑板、UMU 互动学习平台等。除前面章节中介绍的工具外，下面简要介绍一种常见的工具，教师在教学时可根据实际需要进行应用。

希沃班级优化大师

班级优化大师（EasiCare）是一款由希沃（Seewo）自主研发、针对学生课堂行为优化的游戏化课堂管理工具。班级优化大师以课堂管理、家校交流为主，为每一名学生设定了专属卡通角色，老师可以自定义加分和扣分项目以及分数，学生通过加减分、随机抽选进行角色升级，配合游戏化的规则、界面及音效，激发学生的好胜心与创造力。数据可自动记录、归档和计算，亦可一键发送至家长端。在日常教学中班级优化大师能够帮助教师记录学生日常学习数据的积累，实现学生课堂作业等各方面情况的伴随性采集。教学中，注意经常性地对学生学习的内容进行点评。总结时，希沃班级优化大师中对学生的综合情况进行数据整理，自动生成数据分析报告，通过综合性雷达图呈现关于学生一段时间的学习情况。根据数据分析，老师和家长能及时掌握孩子的表现情况，并对学生实施有针对性的个性化指导和帮助。

第三节　数据可视化呈现与解读

案例启思

　　吴老师在讲授《角的度量》这节课时，教师首先与学生认识了量角器的构造，又介绍了度量的方法，然后学生自主练习测量角的度数。在练习中吴老师发现学生在使用量角器度量角时出现了各种各样的错误，具体表现为以下五种情况：一是有些学生在度量角时，往往只是把角的一条边和量角器的0刻度线大致对齐，匆匆一看便写上了答案，而实际上0刻度线与角的边又形成了一个很小的夹角，导致测得的误差偏大。二是盲目估数。一般来说需要度量的角的两条边都比较短，直接去量会有误差，有的学生根本不会想到要将这两条边延长后再准确找到其在量角器上相应的刻度线，而是盲目估计数据，导致度数有误差。三是内外混淆。不少学生将锐角写成钝角的度数，钝角写成锐角的度数，这是学生在度量角时最常见的一种错误，因为他们将内外圈的度数混淆了。四是思维定式。平时习题中出现的角通常情况下角的一条边多呈水平方向呈现，且多为5°或10°的倍数，学生久而久之就形成了思维定式——测量时会有意无意地往5或10的倍数上靠，觉得应该是整五整十的；特别是当两条边都不在水平方向时，学生就不知道该如何摆放量角器了。五是工具不规范。学生买来的量角器有的中心点太大或空心，学生用中心点去对角的顶点时有困难，也容易有误差；有的量角器上面为了美观画满卡通图案，量角器不透明，这都会影响学生准确地读数。如何避免学生在量角时发生的这些问题呢？吴老师陷入沉思中。

问题剖析

在上述案例中，吴老师在课堂教学中发现学生在量角时出现的问题，通过反思，吴老师发现在教学过程中，也存在着一些问题。分析其原因，可以概括为以下四点。

一、获取学习证据不充足

吴老师在课前没有使用可视化数据获取方式对学生的元认知情况进行详细分析，因此在讲解量角器的测量方法时没有科学地预测出学生可能出现的问题，导致学生在使用量角器进行测量练习的过程中出现了各种各样的错误。

吴老师在查看学生出现错误的过程中同样没有使用精准数据获取的方式有针对性地了解学生在测量中发生的错误的原因和类型。需要注意的是，吴老师在获取学习证据的过程中也没有采集学习过程数据。

二、呈现教学内容不明确

吴老师在教学中，对于角度测量方法的讲解没有采用对比分析的手段进行可视化地呈现角度测量与距离测量的区别，更没有用直观的方式引导学生进行学习。因此，学生不能理解抽象的知识，对教学内容不够明确，从而影响了课堂教学质量。

三、运用技术手段不精准

吴老师在课堂练习中发现学生出现了各种各样的问题，教师根据自身经验判断出学生问题出在固守原有认知结构，测量物体角度从被测量物体一端开始测量导致测量结果错误。然而判断只针对的是大多数学生的情况，并且在问题分析中缺乏可视化数据的支撑，很难达到针对学生个体进行分析的目的。

脱离信息化手段分析数据，往往只能凭借教师的以往经验辅助进行判断，判断的结果具有一定的主观性。往往缺乏个性化的分析，分析的结果带有教师的主观倾向，往往是通过教师个人对教学内容的理解而做出的判断，判断结果往往只针对一部分学生的问题，而无法关注全体同学的问题。

四、反馈学习结果不直观

吴老师对于学习结果的检测方式比较单一，仅从讲解过的测试练习的结果进行了学习结果的判断。缺少拓展习题的练习，拓展练习的习题能够有效地完整反映出学生的学习情况，缺少运用可视化数据来展示学生答题情况，不利于学生对自己的学习情况有更清晰的认识，不利于收集具有针对性的反馈信息，导致吴老师不能得到直观的学习结果的反馈。

解决策略

数据可视化，就是将相对抽象的数据通过可视的、交互的方式进行展示，从而形象而又直观地表达出数据蕴含的信息和规律。简单来说，就是把复杂无序的数据用直观的图像展示出来，这样可以一下就能清晰地发现数据中潜藏的规律。数据可视化，不仅仅是统计图表。

人们在使用"可视化学习"和"可视化教学"这两个名词的时候总是显得那么的理所当然。好像可视化的突出效果已经是个公理，而可视化用于学习和教学也是无可争辩的事实，很少人去深入探讨可视化学习和可视化教学的概念问题。任何与视觉有关的学习、教学、学习过程、教学过程自然地被称为可视化学习和可视化教学。

一、可视化教学的内涵

可视化教学就历史而言，他是伴随着人类教学的历史发展起来的。在教学中人们很早就发现可视化的重要作用并一直在有意无意地使用着。总的来说，可视化教学概念的出现和媒体的发展密不可分①。随着可视化技术和认知科学的发展，可视化教学的理念已经不仅仅局限在可视化教学运动主导的在教学过程中使用可视化表达替代语言或其他符号，它已经扩展到利用视觉认知工具和视觉表征影响学习者思维过程和学习过程的教学活动。视觉思维是我们感知过程的基本的和独特的一部分，而且可视化作为表现形式应该与思维和认知结合。也就是在某种程度上说，可视化教学就是在教育实践中利用可视化资源，使学习者个人更有效地学习。

可视化技术为教学活动提供了一种从抽象到具体的处理方法，为符合人类的认知规律的视觉认知工具和视觉表征提供技术支撑，在教学形式和方法上实现突破性成为可能。可视化技术从数据到信息可视化发展到今天的知识可视化，可视化技术的形式和内涵也发生了重大变化，以信息技术为基础的可视化技术在可视化教学的描述中也有所体现，如范文贵认为可视化教学是在计算机软件和多媒体资料的帮助下，将被感知、被认知、被想象、被推理的事物及其发展变化的形式和过程，用仿真化、模拟化、形象化、现实化的方式，在教学过程中尽量表现出来②。

二、可视化教学的策略

在教育领域中数据可视化的对象主要包括：教学中文章与资源的内容、学习者学习过程中产生的行为数据、学习者在学习探究过程中收集的数据，以及学习者接收到的知识内容③。

经过对吴老师《角的度量》一课的深度剖析，发现在课堂中合理地使用可视化数据进行课堂教学、展示交流，并能够运用信息技术手段搜集整理学生在课堂上的重要数据对数据进行精准分析，能够有效地为教师改进教学策略、提高教学效率提供帮助。具体解决策略如下：

---

① 叶新东. 未来课堂环境下的可视化教学研究［D］. 上海：华东师范大学，2014.
② 范文贵，基于信息技术开展数学探究可视化的研究［J］. 中国电化教育，2008（8）：69.
③ 任永功，于戈. 数据可视化技术的研究与进展［J］. 计算机科学，2004（12）：92—96.

1. 利用数据可视化技术获取充足的学习证据

教师可以直观化地为学生呈现知识，使得枯燥的学习内容变得艺术化，条理清晰，体现知识之间的关联性、交互性，加深学生对于知识的掌握程度；可以通过对学生学习数据的分析，优化"教"的过程。教学中能挖掘并突出呈现知识之间的关联，直接快捷地弄清各知识点之间的关系。

例如：在吴老师的《角的度量》一课教学中，教师可以通过数据可视化的方式对教学知识进行呈现，分析不同种类测量的区别，介绍量角器的构造，分析对比量角器与直尺等工具的联系与区别。

2. 利用数据可视化技术呈现明确的学习内容

数据可视化技术可以帮助教师通过数据收集工具和可视化分析工具，直观获得有关学生的学习绩效、学习过程以及学习环境的信息，这些信息可以为教师设计课程、为学生学习提供依据。

首先，教师要通过特定策略和方法，系统地搜集学生学习过程中出现的各种证据。所采取的策略与方法必须与学习目标、成功标准保持一致。

此外，所搜集到的证据必须能够反映学生主要知识点和技能点的掌握情况。教师要注意分析数据之间潜在的、多维度的关联，为发现问题、寻找解决策略提供方向和思路。

在解读数据的过程中，首先需要保持客观性，即依据数据进行分析推导；其次要有逻辑性，基于"发现问题—分析问题"的思路，尤其要结合学生和教学进行分析，同时考虑如何利用数据分析结果改进教育教学。如，吴老师在课堂上根据成绩数据统计平台结果，对学生的测试成绩进行统计分析，获得测试成绩的反馈证据，分析数据背后的原因，及时调整教学内容和教学策略。

教师还可以从学习管理系统中获得学习者行为数据，包括登录系统时间、访问网页、完成课程任务和交互的情况等。通过这些数据的分析，教师对学生的学习需求、学习风格、学习进展进行判断，进而修改教学日程，改进教学内容和方式，对需要帮助的学生进行指导干预，并制定能够满足学生学习需求的个性化教学方案。此外，在这个过程中，教师也可对自己的教学过程和教学成果有一个直观的审视，以此促进教师的专业发展。数据可视化技术还可以改善教师的教学方式。

3. 利用数据可视化技术实施多元化精准评价

对学生的学习给予反馈是促进学生不断进步的关键。教师分析学生离达到学习目标和成功标准还有多少距离，提出怎样才是成功以及需要进行哪些改，给予反馈。详细且具有针对性的反馈信息能够支持学生的学习。

信息技术工具能够将数据转换成图形或图像在屏幕上显示，继而帮助读者能够形象直观地看清问题和结论。例如，教师可将学生的练习结果通过柱状图、条形图等方式展示出来，学生一看便知自己薄弱的地方，明确了进一步学习探究的重点。在数据可视化技术的支持下，教学的评价方式也随之发生变化。教师可以通过对学生学习过程的可视化展示，进行过程性评价；也可以在总结性评价中，改变传统的纸质测试，利用可视化工具对学生的多元智能进行综合评测。

4. 利用数据可视化技术反馈直观的学习结果

缩小差距是指推动学生沿着他们的学习轨迹缩小他们目前知道的、说的、做的和学习目标之间的差距。这是教学和学习最为关键的一步。这就需要提高教师对学习数据的处理能力，将数据转换成更容易理解的形式，帮助教师做出有效的形成性评价。

例如：在学习《牛顿第二定律》时，教师出示 4 道选择题，学生提交的学习结果的柱状图显示 1、3、4 题的正确达到了 90% 以上，这三道题，教师采取小组讨论、小组合作的方式解决；第 2 题的得分率仅为 35%，因此，这道题教师采取小组合作、师生互动、巩固训练的方式重点解决。

样例展示

教师针对数据可视化分析，进行学生数据结构化呈现与解读，提升学生的学习效果。具体分析流程如下：

样例一：借助可视化数据分析改进教学，增进学生对教学内容的理解与认知

在教学《平移、旋转和轴对称》时，在课堂教学讨论环节中"讨论哪些运动是平移、哪些是旋转、哪些是轴对称"时，张老教师通过 UMU 与学生互动，UMU 系统会从学生上传的文字中提取出关键性词语，并根据这些词语的出现频率，改变其在词云中的大小和颜色。频率越高，字号就越大。这样就可以很方便地在词云中观察到学生所发送的讨论结果的重点是什么，什么内容是参与学生普遍关注的。

样例解析：通过 UMU 系统，教师与学生进行互动交流，UMU 从学生上传的文字中提取出关键性词语，上传结果的关键词就是学生提交的结果，根据词语出现的频率能够增加字号和颜色，突出显示学生集中选择的结果。提示教师学生选择的结果，通过对结果的统计，教师调整自己的教学计划，学生可以直观感受到结果，促进自主探究。

样例二：管理数据结构化呈现与解读，提升学生的自我管理能力

孟老师与班级学生共同讨论，制定了班规和考核细则。为充分调动每个学生的积极性，实现自我约束、共同管理的班级管理目标，孟老师将学生的考核任务落实到每个人，实行班级人人有分工、件件考核有人管的良好氛围，学生根据个人职责，通过班级优化大师记录学生们的考核数据，平台自动生成考核图表，每个学生的日常学习和行为表现一目了然，帮助教师、学生和家长及时了解学生的优点和不足，形成家校合力，对学生开展有针对性的教育活动，帮助其改进不足，快速进步。

样例解析：学生通过班级优化大师能够将平台考核数据形成考核图表，直观反映每个学生的日常学习和行为表现。学习相关数据包括学生日常学业监测数据、学生校内外活动数据以及学生校内行为数据等。学生日常学业监测数据，如单元成绩、知识点得分等；学生校内外活动数据，如兴趣班参与、社会实践参与等；学生校内行为数据，如课堂提问、作业提交、进校时间、课间表现、快乐阅读等。学生通过班级优化大师能够帮助教师将学生学习数据可视化，对数据的深入挖掘分析能够帮助教师更好地管理班级，提高教学效率。

样例三：检测数据的结构化呈现与解读，指导教师精准教学

王老师所在的学校，学生每次测试的成绩都会通过扫描输入系统，利用智学网平台的试卷分析功能，诊断学生的学习情况，及时调整教学内容和教学策略。通过对数据的分析，他们发现《等腰三角形的性质》的测试成绩学年平均分比以往的历次测试都低很多，尤其是分类讨论的思想方面的测试题得分率更低。从数据平台的数据分析发现，一道等腰三角形求角的问题，年级的得分率非常低。因此他们在集体备课中，基于智学网平台提供的数据，经过分析得出学生对等腰三角形这部分知识掌握得并不好，所以确定了对等腰三角形的综合应用进行一次专题训练，实现了精准教学。

样例解析：王老师所在的学校通过智学网平台将学生测试成绩数据转换成图形图表，直观的图表帮助教师直观地分析学生学习中出现的问题，继而帮助教师有针对性地调整教学策略。教师在分析数据过程中要注意数据之间潜在的、多维度的关联，发现问题、寻找依据，为教学提供改进思路。在解读数据过程中，首先需要保持客观性，即依据数据进行分析推导；其次要有逻辑性，基于发现问题、分析问题的思路，尤其要结合学生和教学进行分析，针对学生出现问题的知识点进行精准教学。

样例四：学生数据结构化呈现与解读，实现对学生个别化指导

孙老师是一名英语教师，她最头疼的就是所教班级多，学生人数多，想要准确清楚地记住孩子们的日常学习情况非常困难。在教学过程中，经常会有学生表现时好时坏、成绩忽上忽下的情况。准确把握孩子出现问题的时机，及时给予个别化指导，是实现成绩稳步提升的关键。因此他找到了一个很好用的微信小程序，叫作"班级成绩管理"小程序。这个小程序是由"教评网"开发的，是一个自动统计数据、智能分析成绩、家校沟通的教师好帮手。这个软件在功能上，不仅展示优秀率、及格率、平均分、学生班级排名，还以曲线图直观呈现学生成绩的变化趋势，孩子进退步走势一目了然。孙老师通常会对单元的单词、重点句型、语法习题等内容随堂进行学情检测。如：上课前五分钟，考一次本部分的单词；下课前五分钟，检测本部分的语法习题等，并及时地将每次成绩录入 Excel 表格，上传到班级成绩管理小程序中，平台会自动统计结果，直接地显示出来。每个孩子的曲线图都可以说明一定的问题，这就需要老师及时给予孩子相应的指导。在几次测试中，一名同学的曲线图中只有一次成绩低，其他都很高，说明这一部分知识掌握存在问题，随即孙老师就帮助他找到问题，给予及时指导，并解决问题。跟踪发现还有个别同学的成绩曲线图忽高忽低，于是她就联系家长，与家长形成合力，共同关注该同学，给予其正确和及时的指导，帮助他稳定成绩。对于一直处于高分状态的同学，孙老师也及时给予肯定和鼓励，希望他们一直保持着优秀。对于一直处于低分状态的学生是孙老师关注和研究的焦点，从学习兴趣和学习方法上给予持续的引导，在个人情感上给予更多的关怀和鼓励，帮助其渡过难关，建立自信，逐步缩小学习差距。所有的问题在进行个别指导之后，都要再进行同类型同知识点不同内容的二次检测，并对后续的数据进行分析和对比，最后，回归日常教学。

【样例评析】

技术支持的数据可视化呈现与解读，能够帮助教师准确掌握每一个学生的学习情况，了解每个学生学习的知识盲区，了解学生学习过程中的变化，从不同维度对可视化数据进行精准分析，并及时地给予有针对性的个性化指导，大大提高教学效率。

案例中，孙老师通过微信小程序"班级成绩管理"，对学生成绩进行分析。这个小程序不仅能够展示优秀率、及格率、平均分、学生班级排名，还以曲线图直观呈现学生成绩的变化趋势，孩子进、退步走势一目了然。这就能够帮助孙老师直观地掌握每一个学生的学习变化情况，不仅能找到学生学习中问题出现的位置，还能够通过观察学习曲线的变化了解学生学习的阶段情况。

通过数据可视化分析，能够帮助孙老师及时调整教学策略，针对不同学生出现的问题及变化与家长沟通，共同解决学生的个性化问题。

工具索引

上面的案例中，教师为了获取学生的学习数据，并通过软件将数据进行可视化呈现和多维度分析，采用了 UMU 互动平台、Excel 的图表、PPT 中的 smartArt 图示、班级优化大师、智学网平台、班级成绩管理等数据可视化呈现软件。下面简要介绍这几种常见的数据可视化呈现工具，教师在教学时可根据实际需要进行选择。

1. Excel 表格处理软件

Excel 表格处理软件是教师日常接触最多的图表制作工具，是 Office 办公软件的组成部分。在 Excel 表格中可以很方便地将表格中的数据转化为可视化的图表。Excel 可将表格中的数据自动转化为图表。转换的类型，可以是折线图、柱状图、饼状图等多种图形样式，可以是 2D、3D 等多种呈现方式。在图表中可设置图表的颜色、图表的大小、图表的显示方式等多种可视化元素。

通过这些元素的设置，图表更容易被读懂，从而更方便学生理解和记忆。图表的类型不同，所起的展示作用也不尽相同，教师在展示数据时可根据数据展示的内容，选择适当的图表进行展示。折线图一般用来展示数据的变化趋势及变化规律，如教师在展示一段时间内学生的成绩变化时，可采用此类图表。柱状图是统计图表中最常见的一类统计图，可以清楚地表明各数量的多少，它的优点是能够使人们一眼看出各数据的大小多少，可快速比较数据之间的差别。如果想表达在一次考试中各分数段学生数量的统计图，就可以使用柱状统计图。饼状图表示的是一个数据系列中各项的大小与各项总和的比例，常用于表现数据中各项的比例大小。如在显示中国各少数民族占中国总人口的比例时，就可以采用饼状图。雷达图可以表现一个事物的各个方面的强弱情况。如可以用雷达图表现一个学生综合能力的强弱，在雷达图中可以显示学生的阅读能力、分析问题能力、学习力等各项指标情况，通过雷达图可以看出学生综合能力哪些方面强，哪些方面弱。或者用雷达图绘制一个学生各知识点的学习掌握情况，从而分析出学生在学习时的一些弱项。

2. PPT 中的 SmartArt 图示

SmartArt 图形是从 PowerPoint 2007 开始新增的一种图形功能，其能够直观地表现各种层级关系、附属关系、并列关系或循环关系等常用的关系结构。在这个图表系列中，有各种流程图、结构图等不同类型的图示简图，我们可根据需要简单地修改相应的参数及内容即可完成。

我们所需要的示意图。有些数据可视化内容是将图与数据相结合，如春运人员流动情况示意图可以在中国地图上标示出人员流动的趋势，地理和历史老师可以根据这样的图表对中国的经济发展状况及地理区域优势进行有效的讲解，这种图表把数据与图相结合，使学生可以直观地看出一些相关的数据间的关系。

3. 在线图表生成工具

除了 Excel 和 powerpoint 常用的工具以外，还有一些在线图表生成工具也能够帮助我们完成将统计数据转换为可视化图表的工作。常用的图表生成工具，有百度的图说、图表秀、花火 Hanabi、FineBi 等。这几个数据可视化的网站各有各的特色，但功能都很强大，比单纯使用 Excel 生成可视化图表要强大一些，但功能或使用情况也更加复杂一些。百度的图说、图表秀基本功能免费，可以通过简单步骤即可制作出相应的图表，并且可以将图表生成图片或下载或链接进行使用。花火 Hanabi 侧重于动态图表的生成，可以使用这个网站生成一些在短视频或其他内容中需要使用的动态图表，这种图表相对于静态图表来说，效果演示更加明显，对于数据的走向观看分析更加直观。FineBi 又叫帆软，是一家专业的数据可视化分析公司，这个网站功能比较强大，但侧重于商业化应用，对于教师来说只是简单了解，使用它的一些图表工具即可，其他的内容是需要收费的。